プロ野球 最強のエースは誰か？

野村克也

彩図社

まえがき

野球で負けない方法、それは点を取られないことである。

0点に抑えれば、絶対に負けることはない。5点取っても6点取られれば負けるし、10点取っても11点取られれば負けてしまう。私は、ここに野球というスポーツの本質があると考える。つまり、勝つためには守りを重視することこそ常道。守りを強固にすれば負けの確率を減らすことができる。

だとすれば、守りの中心はどこにあるか。

言うまでもなく、投手である。チームを強くするにはまず投手を揃えなければならない。スカウトと育成、トレードによる補強などで試合を任せられる投手の頭数を揃えなければ、プロ野球のような長いペナントレースを戦うことはできない。そして、こうして揃えられた投手のなかで、柱となってチームを牽引してくれるのがエースである。

監督や野球解説者がしばしば「エースとしての自覚が足りない」、「まだまだエースとは呼べない」といったコメントを発することがあるが、ではエースとはどんな存在なのか。エースに求められる役割とは何なのか。私は次の2点であると考える。

・チームの危機を救い、ここ一番の試合で負けない
・チームの鑑であること

つまり、エースとは勝ち星や防御率といった数字だけで判断されるものではない。誰もが納得できる成績を残すことを前提に、この2つの条件をクリアしてはじめてエースと言える。

たとえば、エースなら、負けが込んでチームの雰囲気が沈滞しているときに勝てるピッチャーでなければならない。味方が得点できないときも粘り強いピッチングで勝利を手繰り寄せ、味方がエラーしても不満を顔に出さず、むしろナインを奮い立たすピッチングを見せるのがエースである。そして、自分の記録よりチームの勝利を最優先し、常に他の選手の手本となれるようなプレーをしなければならない。

はたして、これまでにエースと呼ぶべき投手がどれだけいただろうか。

日本にプロ野球が誕生して80年。私がプロの世界に身を投じて60年になる。現役時代には捕手として数多くの投手のボールを受け、打者としても数えきれない投手のボールをバッターボックスから見てきた。立場が変わり、監督となってからも、解説者となってからもずっと投手を見続けてきた。そんな私から見て、真にエースと呼べる投手は20人に満たない。

本書は、この60年間で誰がエースと呼ぶにふさわしい投手であるか、ふさわしい投手ではないか、さらに日本最強と呼べるエースは誰なのかを私なりに考察し、論及したものである。

60年の間には球団の消滅や新球団の誕生、あるいは球団名の変更もあったが、現在のプロ野球12球団をもとに、各チームの歴代投手からベストテンを選び、私がとくに優れていると考える投手、とくに印象に残る投手を個別に論じた。必ずしも通算勝利などの成績を反映したものではない。中には、日本ハムの大谷翔平のように将来性を買った投手もいる。

つまり、あくまで私の見方であり、「野村はこんな投手を評価し、こんな投手を理想としているのか」と思っていただければいい。あるいは「ここは野村の見方とは違う」「私ならこの投手は外せない」という反論をしながら読んでいただければ幸いである。

誰もが評論家となることができる――それこそがプロ野球の最大の楽しみなのだ。

プロ野球 最強のエースは誰か？ 目次

【第一章】

近鉄・楽天の歴代最強投手

【近鉄】

球団名の変遷

●近鉄パールス（1949年〜 1958年）

●近鉄バファロー（1959年〜 1961年）

●近鉄バファローズ（1962年〜 1998年）

●大阪近鉄バファローズ（1999年〜 2004年）

※オリックス・バファローズ（2005年〜）

【楽天】

球団名の変遷

●東北楽天ゴールデンイーグルス（2005年 - 現在）

アンダースロー2人が完全試合の快挙

大阪近鉄バファローズは2005年3月をもって解散しているので、東北楽天ゴールデンイーグルスとは別球団である。しかし、選手の一部が分配ドラフトで楽天の所属となったこともあり、今回は便宜的に同一球団の枠のなかで扱わせていただいた。その点をまずお断りしておきたい。

楽天と同じように、1949年に創設された近鉄も当初は弱かった。4年連続最下位にして、1年目は首位から37・5ゲーム差をつけられている。そんなお荷物球団のエースだったのが、武智文雄（旧姓・田中文雄）さんだ。アンダースローからのシュートに威力があり、通算100勝。26勝で最多勝のタイトルを獲得した1954年にチームは初のAクラスとなった。翌年は史上2人目の完全試合も達成している。

1960年代後半から不動のエースとして活躍するのが鈴木啓示《すずきけいし》だ。20年で勝ち星を317まで伸ばした。鈴木と同時期に活躍した下手投げの佐々木宏一郎も、私には思い出がある。シュートとスライダーを武器に通算132勝。1970年には17勝を挙げ、完全試合も達成するのだが、その相手が南海だった。実は佐々木のクセから球種はすべて読めていた。しかし、この日は制球力抜群で、球にキレがあった。各打者が「そのうち打てる」と思っているうちに試合が終わってしまった。コントロールさえ良ければ、打者は容易には打てないというお手本のような投球だった。なお、佐々木をコーチしたのが球団の先輩アンダースローー、武智さんである。

西本幸雄監督の下、１９７９年に初優勝、翌年も優勝するが、この時期の近鉄は完全に打撃力のチームで、私の目にはエース不在に映った。

鈴木の引退から2年後の１９８７年、鈴木の後継者とも言うべき左腕が現れる。阿波野秀幸だ。軸足のかかとを上げて伸び上がるようなフォームから繰り出されるストレートは球速表示以上に威力があった。1年目に15勝して新人王、2年目は西武と劇的な優勝争いをした「10・19」のダブルヘッダーに連投し、優勝は成らなかったが、ファンを熱狂させた。

その後は野茂英雄、岩隈久志といった右のエースが登場したが、先述したように球団は消滅。新たに仙台に生まれた楽天の1年目は柱と呼べる投手は岩隈だけで、首位から51・5ゲーム差の最下位。２００６年、私が監督に就任したときも選手の大半は他球団からの寄せ集めで、ひどいものだった。唯一の希望がオフのドラフトで1位指名した田中将大。彼が順調に成長し、岩隈、永井怜と3本柱を形成した２００９年、球団初のクライマックスシリーズ進出を果たした。

２０１３年、創立9年目にして初優勝を遂げるわけだが、原動力となったのは24勝無敗と球史に残るエースとなった田中と、新人ながら15勝を挙げ、日本シリーズでも好投した則本昂大《のりもとたかひろ》だった。やはり強力なエースがいるチームは強い。

野村が選ぶ「近鉄・楽天の歴代投手ベスト10」

1 田中将大 実働7年（2007～13年）
通 99勝35敗3S　防 2.30　勝 .739
2013年はプロ野球記録となる無傷の24連勝、勝率10割。巨人との日本シリーズでも連投をいとわず、球団初となる日本一に貢献した。負けないエース。

2 野茂英雄 実働5年（1990～94年）
通 78勝46敗1S　防 3.15　勝 .629
入団から４年連続で最多勝・最多奪三振。メジャーも席巻したトルネード投法。

3 鈴木啓示 実働20年（1966～85年）
通 317勝238敗2S　防 3.11　勝 .571
20世紀最後の300勝投手。通算317勝は金田正一に次いで左腕歴代２位の記録。

4 岩隈久志 実働11年（2001～11年）
通 107勝69敗　防 3.25　勝 .608
球界屈指の制球力。メジャーリーグのマリナーズでもエース級の活躍。

5 武智文雄 実働13年（1950～62年）
通 100勝137敗　防 2.97　勝 .422
昭和中期の下手投げエース。54年に26勝を挙げ最多勝。翌年には完全試合も達成。

6 則本昂大 実働1年（2013年～）
通 15勝8敗　防 3.34　勝 .652
2013年のシーズンは田中に次ぐ主戦投手として大車輪の活躍。潜在能力は充分。

7 佐々木宏一郎 実働20年（大洋62年、近鉄63～74年、南海75～81年）
通 132勝152敗4S　防 3.39　勝 .465
近鉄時代に113勝。同じ下手投げの武智文雄コーチに鍛えられ、70年に完全試合。

8 阿波野秀幸 実働14年（近鉄87～94年、巨人95～97年、横浜98～00年）
通 75勝68敗5S　防 3.71　勝 .524
プロ入り４年で58勝を挙げるも、その後、成績が下降。近鉄時代は通算67勝。

9 吉井理人 実働18年（近鉄、ヤクルトなど。近鉄には85～94年に在籍）
通 89勝82敗62S　防 3.86　勝 .520
近鉄時代はおもにストッパーとして活躍（通算40勝61S）。日米7球団を渡り歩く。

10 柳田 豊 実働18年（西鉄70～74年、近鉄75～87年）
通 110勝140敗　防 3.97　勝 .440
近鉄時代に94勝。西本幸雄監督に見出されて西鉄より移籍。79、80年の連覇に貢献。

【第一位—近鉄・楽天の歴代最強投手】

田中将大

マー君、神の子、不思議な子

デビュー時から負けない投球は光り、新人王獲得の2007年から順調に成長。2011年に投手部門のタイトルを独占する活躍を見せると、2013年には24勝無敗（前年から28連勝）の驚異的な成績で、チームを初の日本一へと牽引した。防御率は3年連続1点台。2014年、7年総額約160億円の超大型契約でヤンキース移籍後もエースとして活躍する。実働7年（2007〜13年）、99勝35敗3S、防御率2・30、勝率・739。

田中のプロ初登板はよく憶えている。2007年3月29日、敵地でのソフトバンク戦だった。初回に先制されると、2回も2本のヒットと四球で二死満塁とされ、川崎宗則にライト前ヒット、さらに多村仁に左中間を破られた。結局、2回もたず、6失点KO。打たれるのは構わない。高校を出たばかりの新人に、あえて強打のチーム相手に投げさせたのだから、こっちも想定内だ。問題はマウンドを降りてくるときの田中の態度、表情だった。

顔を真っ赤に、悔しそうにしている姿が良かった。落ち込んでいる様子でもなく、自信を喪失している風でもない。まだまだ闘争心を失ってない彼の顔を見て、私はずっとローテーションで使っていく気になった。

キャンプの田中を見て驚かされたのは、高校時代に150キロを計測したというストレートではない。スライダーだ。普通、新人投手を判断するときの基準はストレート。たとえば田中と同様、過去に甲子園を沸かせた江川卓や松坂大輔は伸びのあるストレートが強力な武器だった。そこが田中とは決定的に違う。私は彼のスライダーに惚れたのだ。稲尾のスライダーと遜色ないし、これだけブレーキの効いた変化をすれば打者も嫌がるだろうと思った。

田中の育成法については正直なところ、迷った。二軍でじっくり育てるか、いきなり一軍で投げさせるか。ずっとエリート街道を歩いてきたわけだから、二軍の閑古鳥が鳴く球場を経験するのも悪くない。しかし、楽天の台所事情がそれを許さなかった。ローテーション投手の絶対数が足りないのだ。田中が一軍で投げれば、楽天球団の営業面でのメリットもある。

もう一つの判断材料は田中の人間性だった。受け答えは18歳とは思えないほどしっかりしている。謙虚で、自惚れたところがまったくない。これなら一軍のマウンドを任せても大丈夫だと判断したのである。

初先発の後もKOが続き、初勝利は4試合目の登板となったソフトバンクとの再戦だった。4番の松中から3打席連続三振を奪うなど13奪三振で2失点完投、見事にリベンジを果たした。そして、この年、11勝7敗で新人王にも輝いた。ただし、リーグ2位の196奪三振は評価できても、防御率3・82（14位）は褒められない。こんな防御率で11も勝てたのは、田中が投げる試合は不思議と打線が火を噴いたからだ。途中降板となった最初の3試合も黒星はつかなかった。先制を許しても味方打線の奮起で追いついたり、

2013年のシーズン、驚異のピッチングを披露した楽天・田中将大。6月16日の阪神戦で球団記録となる開幕9連勝を挙げると、8月9日のソフトバンク戦で球界記録の開幕16連勝に到達。その後も快進撃は止まらず、9月13日のオリックス戦で21連勝となり、稲尾が持つシーズン20連勝の球界記録を更新。最終的には、シーズン24勝0敗の勝率10割。開幕24連勝というとてつもない成績を残した。（写真提供：共同通信社）

リードを許したまま降板しても逆転勝ちしたりすることが多かった。「マー君、神の子、不思議な子」は、そんな田中を評して私の口から出た言葉である。

しかし、田中に負けがつかないのは偶然ではない。田中が全身から発する闘争心がチーム全体にビシビシ伝染するのだ。相手にリードされても、野手全員に「なんとか、こいつに勝たせてやりたい」という意識が働き、それが打撃の集中力となって勝利に結びついた。

「負けない田中」が最も顕著に現れたのが２０１３年だ。もちろん、このときは新人の頃とは比べものにならない実力を伴っている。それにしても24勝無敗という成績は尋常ではない。田中の闘争心が打線に火をつけると同時に、野手の間に共通の認識が生じていたはずだ。

「田中なら、そんなに点は取られない。必ず抑えてくれる」

こうした絶大な信頼感があるから、野手はバッティングに集中できる。四球が少なく、守る時間が少ないから攻撃のリズムが生まれる。必然的に田中が先発した試合に打線の援護点は多くなり、勝利の確率は高まる。この傾向はメジャーに行ってからも変わっていない。闘争心の伝播と信頼感が野手の奮起を促す――まさにエースのピッチングで、勝ち星を重ねた。

ストレートの速さよりコントロールと原点能力

デビューから順調に成長したように見える田中だが、プロ2年目、２００８年のシーズンだけは回り道をさせてしまったと、今も後悔している。

田中はこの年の課題を「球速をアップさせて、ストレートで空振りの三振を奪うこと」とし、私もこれに賛成した。田中の若さと潜在能力を持ってすれば、もっとボールは速くなると安易に考えてしまったのだ。

これが大きな間違いだった。たしかに1年目より球速は増した。しかし、ストレートの球速を上げようとしたあまり、それが力みとなり、投球フォームを崩した。フォームが崩れれば、ボールの威力は失われる。挙句、肩まで痛めた。まさに悪循環だ。これが9勝7敗という彼のキャリアにおいて唯一2ケタに届かないシーズンとなった原因である。

田中自身も自分が目指すべき方向がわかったのだろう。3年目はスピードより、コントロールをテーマに投球に取り組んだ。

では、コントロールはどうすれば良くなるのか。答えは「バランス」である。バランスのいい投球フォームで投げれば、自ずとコントロールは磨かれていく。私が田中にアドバイスしたのも一点だけである。

「バランスに気をつけて投げるように」

私も投手コーチも田中のフォームについて具体的な指示は一切出していない。ヘタに周囲の人間がいじれば、かえって悪くなると思ったからだ。田中は経験を積みながら、自分で感じ、考え、それを投球スタイルに反映できる高い能力を持っている。妙な精神主義もない。クールに自分を見つめることができる。

3年目の田中はフォームのバランスが良くなったことで制球力が増したばかりか、ストレートの質が向上し、打者の手元で伸びるようになった。また、この時期に磨いたのが、私が投手の原点として最重要視する外角低めのストレートである。打者から最も遠く、最も長打にされにくいボールだ。これをカウント2－0、3－0という投手不利な場面でも投げられる能力を高めることで、リーグ2位タイの15勝をマークし、防御率も2点台前半に向上した。

私はこの年限りで、楽天の監督を退任したが、その後も田中は年々進化した。

2010年には、それまで投げていたフォークボールに変わる球種としてスプリットを習得。それもファルケンボーグのスプリットの投げ方をマネして、すぐに自分のものにしたというから、彼の器用さ、非凡さを感じさせられる。翌年からは3年連続防御率1点台。2014年からはヤンキースのエースである。

現在、田中の球種は150キロ前後のストレートを軸に、スライダー、ツーシーム、スプリット、カーブ、チェンジアップといったところか。メジャーに行ってからはスプリットの割合が増えたが、やはり野茂英雄や佐々木主浩《ささきかづひろ》がそうであったように、メジャーの強打者には落ちるボールが有効なのだろう。勝負どころの三振がほしい場面で使うケースが多い。

今後、田中がどこまで成長するかは想像もつかない。とにかく能力はメジャーでもトップクラスなのだ。2014年シーズンの後半戦はヒジの故障で満足に投げられなかったが、ケガをしっかりと治し、ぜひとも神の子にふさわしい物語を見せてほしい。

【第二位―近鉄・楽天の歴代最強投手】

野茂英雄

フォークボールでこじ開けたメジャーの扉

1989年のドラフトでは史上最多の8球団が競合。近鉄に入団した1年目から投手タイトルを総なめにする活躍で、新人王とMVPを併せて受賞した。4年連続の最多勝、最多奪三振など数々の実績を残し、1995年にメジャーへ移籍。ドジャース1年目から剛速球とフォークボールで三振の山を築き、「トルネード旋風」は海を渡っても吹き荒れた。実働5年（1990〜94年）、78勝46敗1S、防御率3・15、勝率・629（※日本球界のみ）。

左足を反転させ、打者に対して一度背中を向けて投げる独特のフォームはメジャーリーグに行っても話題になった。下半身が相当強いからできる投げ方だ。

そして、彼の代名詞ともなったフォークボール。その回転数は独特で、落差が大きい。速いストレートに加え、ウイニングショットに落ちるボールがあるというのはメジャーで日本人投手が成功する一つのモデルであり、その先鞭は野茂がつけた。ヒジへの負担が大きいという理由でメジャーにはフォークを投げる投手が少ないから、これは強力な武器となる。

野茂は日本時代からフォークを多投した。杉下さんも村山実も1試合に投げるフォークはもっと少なかったはずだ。一般にフォークを多投すると握力が落ち、他のボールも威力がなくなる。だから、ここぞという場面で使った。あるいは打者に「フォークがくるぞ、くるぞ」と思わせるだけで、ピッチングの組み立てはずいぶん楽になる。他の球種も生きてくる。

ところが、野茂は1試合で投げる投球数の3分の1以上がフォークだったのではないか。ここに野茂という投手のユニークさ、個性がある。おそらく指や腕に負担のないフォークの投げ方を会得していたのだと思う。

彼の最大の欠点は「行き先はボールに聞いてくれ」と言わんばかりの制球力のなさ。デビューから4年連続で与死四球はリーグ1位。1994年には毎回の16四球を与えながら、8対3で完投勝ちした試合もある。ランナーを出しても勝負どころでは抑えられるのだから、よほど精神的に強いものを持っていたのだろう。ただし、守る野手はリズムを狂わされる。

2度のノーヒットノーランなどメジャーでの活躍に目が行きがちだが、日本時代の成績も素晴らしい。4年連続での最多勝、最多奪三振をはじめ、わずか5年で数々のタイトルを獲得している。こんな投手をなぜ退団させなければならなかったのか、私は理解に苦しむ。

野茂が近鉄時代に奪った三振は、投球回1051.1に対して1204。ルーキーシーズンから４年連続で最多勝と最多奪三振に輝いた。入団５年目のオフに球団との確執から、メジャーリーグのロサンゼルス・ドジャースに移籍。初年度に最多奪三振を獲得するなど「トルネード旋風」を巻き起こし、2005年には日米通算200勝も達成した。（写真提供：共同通信社）

【第三位―近鉄・楽天の歴代最強投手】

鈴木啓示

唯我独尊を貫いた金田型エース

新人で10勝を挙げると、2年目の1967年から5年連続20勝をマークし、この間2度にわたってノーヒットノーランを記録した。速球の威力が衰えた現役後半に技巧派へとモデルチェンジを果たすと、スライダーとシュートを武器に安定したピッチングで1979年、1980年のリーグ優勝に貢献。通算317勝は左腕としては金田正一に次いで2位。実働20年（1966～85年）、317勝238敗2S、防御率3・11、勝率・571。

座右の銘は「草魂」。コンクリートにも根を張り、踏まれても踏まれても育つ雑草の生命力の強さに自分の生き方を重ね合わせての言葉だという。

1966年、プロ1年目に10勝を挙げると、2年目からは5年連続20勝、6年連続最多奪三振の活躍を見せる。1968年と1971年の2度に渡ってノーヒットノーランも記録した。この頃は大きく右足を上げ、ダイナミックなフォームで快速球をズバズバ投げ込んできた。変化球は外角いっぱいに入ってくる小さなカーブ。しかし、単調なピッチングとコントロールの甘さから、長打を食らうケースも多く、この時期は本塁打配球王とも言われたものだ。

本拠地が狭い日生球場だったこともあるが、通算560被本塁打は多すぎる。2位を70本引き離す日本記録であり、同時に世界記録だ（メジャーリーグの歴代1位はジェイミー・モイヤーの522本）。しかし制球力に難があるかというと、そういうわけでもない。通算78の無四球試合は「針の穴を通すコントロール」と言われた小山正明さんの73を上回る日本記録であり、プロ2年目のシーズンに10度の無四球試合を達成している。

鈴木のピッチングは攻める一方で、駆け引きをしないのが最大の欠点だった。自分の満足の行くボールが投げられたら、それでいいのである。自分のボールに自信があるから、常にストライクゾーンで勝負しようとする。聞くところによると、どうも「打者との勝負を避ける四球は卑怯だ」と考えていたらしい。

しかし、本当にコントロールがいい投手は四球を嫌がらない。ピンチで強打者や苦手な打者を迎えたら、くさいところをついて、場合によっては歩かせることもする。鈴木のピッチングに対する考え方は、私のような心配性の捕手からすると、なんとももったいない。勝負どころで馬鹿正直にストライクを投げたばかりに失った白星はかなりあるはずだ。

そんな鈴木もプロ入り10年目の1975年に、西本幸雄監督のアドバイスもあって技巧派へと転身する。スライダー、シュートを武器に安定した投球を見せ、選手寿命を延ばすことに成功した。とはいえ鈴木の性格まで変わったわけではない。

私は20勝を何度もマークし、通算200勝以上を記録した投手には、「金田正一タイプ」と「稲尾和久タイプ」があると考えている。金田タイプは弱小チームの出身者に多く、鈴木もこのタイプに属する。打線もあてにならなし、守備陣もエラーで足を引っ張ることが多い。だから、金田さんや鈴木のような力のある投手は「結局、頼れるのは自分だけだ」と考えがちだ。それが自分本位の道を進ませる。悪く言えば、唯我独尊、わがまま。分業制の時代になっても先発完投にこだわったのは、自分しか信用していなかったからだろう。

一方、自分の成績よりチーム全体を優先して考えるのが稲尾タイプだ。稲尾の選手寿命は短かったが、三原脩《みはらおさむ》監督に請われれば連投も厭わなかったし、勝ちがつかない場面でもマウンドに上がって投げた。こういうエースがいるチームは強い。あるいは強いチームが稲尾のようなエースを育てると言うべきか。

1978年は近鉄と阪急が壮絶な優勝争いをしたシーズンである。結局、近鉄は阪急の前に屈したのだが、最後の天王山となった試合で、私には「ここはエース鈴木のリリーフしかない」と思える局面があった。ところが、前日完投で負けている鈴木は出てこない。私は次のカードで対戦した際に西本監督に尋ねた。

「なんで、あの場面、鈴木じゃないんですか。一番信頼できる投手は彼でしょ」

「ノムもそう思うか。でもあいつは、あそこで投げるのは嫌だと言うんだ」

その後、鈴木本人に同じことを聞くと、思わぬ答えが返ってきた。

「無理して投げて、肩を壊したら、誰が僕の面倒を見てくれるんですか」

鈴木は金田さんと同様に、豊富な練習と徹底的な自己管理で自らの地位を築いた。「雨が降ったら、他人は練習しない。それなら、こっちはその間に練習して差をつける」という話を聞いて感心したこともある。しかし、〝真のエース〟の称号を与えるには躊躇する。

1984年5月5日、日本ハム戦で通算300勝を達成した鈴木啓示。戦後生まれでは初の300勝投手で、翌年7月の引退まで史上4位となる317勝を残した。無四球試合78は史上1位、3061奪三振（同4位）など数々の記録を球史に刻んだ。（写真提供：共同通信社）

【第四位―近鉄・楽天の歴代最強投手】

岩隈久志

メジャーの水が合った技巧派投手

2003、2004年に連続15勝を挙げた近鉄時代は速球とスライダーが武器だったが、楽天移籍後はスプリットやカーブを交えた制球力に磨きがかかった。2008年に21勝を挙げ、MVPと沢村賞に選ばれ、翌年の第2回WBCでは日本の連覇に大きく貢献。2012年からは活躍の場をメジャーに移した。屈指の制球力でマリナーズのエースとして活躍中。実働11年（2001〜11年）、107勝69敗、防御率3・25、勝率・608（※日本球界のみ）。

私が楽天の監督に就任した2006年、エースと呼べるのは岩隈しかいなかった。しかもその岩隈が肩の故障で満足に投げられない。2段モーションの禁止にともなうフォームの修正も、故障に追い打ちをかけた。翌年は開幕投手を務め、今シーズンはやってくれるかと思っていたら、背中や脇腹の故障が重なって16試合しか投げられず、5勝5敗。

背水の陣で臨んだ2008年にやっと結果を出してくれた。21勝4敗という抜群の成績で、最多勝、最優秀防御率、最高勝率に輝いた。投球回数が200を超え、被本塁打が3本以下というのは阪急の秋本祐作以来、50年ぶりの快挙だという。こうした内容が評価されてMVP、沢村賞も受賞した。Bクラス球団からのＭＶＰは88年の南海・門田博光以来となった。

　ただ一つ監督の立場から言わせてもらうと、完投数が少ない。先発で20勝以上して完投は５つ。２０１１年に田中将大が19勝５敗で、やはり最多勝や沢村賞を獲得したときは完投が14あった。ダルビッシュ有も沢村賞を受賞した２００７年以降は毎年のように10完投以上を記録している。メジャーリーグと異なり、日本の先発投手は原則的に中６日で週に１回しか投げない。であれば、完投することでリリーフ陣を休ませるのもエースの大事な役割だ。

　岩隈といえば、21勝した翌シーズンのＷＢＣでの大活躍を思い出すファンが多いだろう。打線の援護に恵まれず、勝ち投手になったのは１度だけだったが、３試合に先発し、いずれも６回以上を投げた。大会に出場した全投手中、最多の通算20回を投げ、防御率１・35。松坂大輔にＭＶＰは譲ったが、日本の連覇を支えたのは間違いなく岩隈だった。ＷＢＣでは球数制限のルール（２００９年大会は１次ラウンドが70球、２次ラウンドが85球、決勝・準決勝が１００球。１試合50球以上投げた場合は中４日以上の間隔を開ける）も彼に味方したと思う。先に述べたように日本のペナントレースではこうはいかない。

　おそらく過去に何度か肩やヒジの故障でシーズンを棒に振った経験があるため、その不安がぬぐえないのだろう。岩隈は好投していても、あるいは体力的にまだ余裕があるように見えても、「そろそろ限界です」と、自ら降板を申し出ることが多かった。そんな岩隈に対し、私は得意のボヤキで口撃した。

「あそこが痛い、ここが痛いと言ってくる。偉大なる小市民だ」

「１００球過ぎると、ぼちぼち代えてほしいと言い始める。あれではガラスのエースだ」

もちろん、岩隈をエースと見込んでいるからこそのボヤキである。彼もそれを十分理解してくれていたと思う。そう思う根拠は２００９年のシーズンとクライマックスシリーズである。この年、岩隈は8月25日の西武戦で延長10回を完投。球数は１４９球だった。ソフトバンクに連勝して突破したクライマックスシリーズ第一ステージでも完投勝利。第二ステージの第二戦でも負けはしたが完投。第四戦では「いつでも行きます」とベンチ入りした。実際、8回にリリーフ登板したが、スレッジに3ランホームランを浴びる。ベンチに戻った岩隈は泣いていた。その姿に彼の成長を感じ、ひそかに嬉しく思ったものだ。

２０１２年から、岩隈は活躍の場をメジャーに求めた。

もともとメジャーに向いた投手ではあったと思う。最速１５０キロを超えるストレートはあるが、フォークボール、スライダー、ツーシーム、スローカーブなどの変化球を自在に操って内野ゴロに打たせる技巧派投手である。制球力に優れ、四球も少ない。三振より打たせて取るタイプで、球数を抑えられるため１００球で6回、7回くらいまで投げられる。今のメジャーでは、先発投手は6回以上を投げて自責点3以内（クオリティスタート）なら合格ラインだというから、いかにも岩隈向きである。

なお、私は岩隈のピッチングフォームがずっと気になっていた。ピッチングフォームを「1、2、3」のリズムでとらえたとき、理想は「2」の状態、つまり、右肩が弓を引いたように後ろに引かれた状態が長いことである。ところが、岩隈のフォームは「1」が長いわりに、「2」が短い。「イチ、ニ～、サン」とすべきところが「イ～チ、ニ、サン」になってしまっている。フォームを改造することは選手生命にも関わる。あえて言わなかったが、岩隈が肩の故障が多い原因はフォームにあるような気がしてならない。

【第六位―近鉄・楽天の歴代最強投手】

則本昂大

田中将大を超える可能性を秘めた逸材

大学時代は三重県リーグで33勝無敗の成績を残した。2013年、田中将大のWBC出場の疲労を考慮し、パ・リーグ新人としては55年ぶりの開幕投手を任されたが、6回4失点で敗戦。しかし最終的には15勝を挙げて新人王。クライマックスシリーズ、日本シリーズでもエース田中に見劣りしない堂々の投球を見せ、日本一の立役者となった。実働1年（2013年〜）、15勝8敗、防御率3・34、勝率・652（※2013年まで）。

「オレが監督をしたときにも、こんな新人投手を獲ってくれていたら……」

2013年のクライマックスシリーズで則本のピッチングをナマで見たとき、思わず愚痴をこぼしたくなった。地方の大学リーグ出身で中央での知名度が低かったのか、ドラフト2位でこれほどの投手を獲得できたのは楽天にとって幸運だった。

何より気の強そうな面構えと、「打てるものなら打ってみろ」と言わんばかりの闘争心あふれる投げっぷりがいい。過去にエースと呼ばれてきた投手と同じオーラが漂う。チームメイトに「こいつが投げるときは絶対に負けられない」と思わせる雰囲気があるのだ。

大胆で思い切りのいい投球に見えるが、ただ闇雲に全力投球しているのではない。抜くべきところ、ギアを一段上げて力を入れるべきところをちゃんと心得ている。そのあたりは1年間だけだったが、田中将大と一緒にプレーしたことを糧としたに違いない。

最速154キロは田中の最速156キロよりやや劣る。しかし、もっと速く見えるし、ストレートの威力は田中より上ではないか。ウイニングショットのフォークボールはプロに入って覚えたというから、学習能力、吸収能力も高い。他にスライダー、チェンジアップを投げ、投球の幅は広い。「緩急」、「高低」、「内と外」を巧みに使う。

コントロールに課題があるとの声を聞いたが、私が見た試合ではノーストライク2ボールといったカウントはほとんどなかった。つまり、1球目か2球目に必ずストライクを取っているということだ。アウトコース低めにズバッと決められる原点能力があるから、常にストライク先行で勝負できている。スタミナは2013年の日本シリーズで証明済みだ。

2014年も交流戦でダルビッシュの3完封を破る、4完封の最多記録を樹立した。今、20勝を挙げられる可能性が最も高い投手だと思う。

【第二章】

西鉄〜西武の歴代最強投手

球団名の変遷

●西鉄クリッパース（1950年）
●西鉄ライオンズ（1951年〜1972年）
●太平洋クラブライオンズ（1973年〜1976年）
●クラウンライターライオンズ（1977年〜1978年）
●西武ライオンズ（1979年〜2007年）
●埼玉西武ライオンズ（2008年〜）

強力投手陣で築いた黄金の1980年代

「神様、仏様、稲尾様」とまで言われたスーパーエース稲尾和久が登場する以前、草創期の西鉄投手陣を支えたのは巨人から移籍してきた川崎徳次さんだった。快速球とテンポのいい投球で、1953年には最多勝（24勝15敗）、最優秀防御率（1・98）の二冠に輝いている。さらに1953年デビューの西村貞朗《にしむらさだあき》さんが翌年、22勝5敗で西鉄初優勝に貢献した。稲尾の入団は1956年。この年から西鉄は巨人を撃破し、日本シリーズ3連覇の偉業を成し遂げる。

その後、エースのバトンは稲尾から池永正明、東尾修へと渡されていくが、「黒い霧事件」や球団の身売りなどの影響もあり、成績は低迷する。

大型補強などで優勝戦線の常連へと変貌するのは親会社が変わり、1979年に球団名が西武ライオンズとなってからだ。「球界の寝業師」こと根本睦夫さんが実質的なGMとして辣腕をふるい、ドラフト会議やトレードにより有力投手を獲得。これが1980年代の西武黄金時代となって実を結んでいく。工藤《くどう》公康《きみやす》、松沼博久・雅之兄弟、森繁和、渡辺久信、郭泰源《かくたいげん》、渡辺智男、石井丈裕……。彼らの兄貴分として投手陣の顔となったのが、〝野武士軍団〟西鉄時代からの生き残り、東尾だった。

私は現役最後の2年間、西武でマスクを被ったが、松沼兄とコンビを組むことが多かった。松沼兄は下手からのストレートを武器に16勝10敗で新人王を獲得した。彼にはストライクではなく、ボールを投げる重要性を諭した。ロッテの4番レオン・リーを迎え、二死満塁、カウント3－2となった場面で高目のボール球を要求し、三振を奪ったことは彼も覚えているらしい。

強い西武の時代にコンスタントに勝ち星を挙げたのは左の工藤、右の渡辺久。工藤はヒジの使い方が柔らかく、当初の球種は速球とカーブだけだった。東尾から学んだのか、右打者の内角を攻めるスライダーを使うようになってから一段と打ちにくい投手になった印象がある。まさか47歳までプレーするとは思わなかった。渡辺久は制球力にはやや欠けるが、威力十分のストレートが持ち味。2人とも日本シリーズに強く、常勝西武の若き柱となった。

すでに強かった時代は終わっていたが、1999年入団の〝怪物〟松坂大輔も強烈なインパクトを残した投手である。縁あってリトルリーグの頃から知っている。

夏の甲子園決勝でのノーヒットノーラン、新人時代のイチローとの名勝負、WBC2大会連続MVPと、華々しい話題が多い。日本では速球を軸に豊富な球種で圧倒的な力を示しながら、メジャーで苦労したのは本当の制球力がなかったからだ。そこにケガが加わり、フォームはすっかりバランスを欠いてしまった。ただ、ヒジの手術から時間が経過し、徐々に投げ方は改善されている。制球で勝負できるようにならなければ、彼の未来はない。

野村が選ぶ「西鉄～西武の歴代投手ベスト10」

1 稲尾和久
実働14年（1956～69年）
通 276勝137敗　防 1.98　勝 .668
先発に、リリーフにフル回転した、西鉄黄金時代の大エース。入団から8年連続20勝、3年連続30勝、1シーズン42勝など、数々の球界記録を持つ。

2 池永正明
実働6年（1965～70年）
通 103勝65敗　防 2.36　勝 .613
プロ入り5年で99勝。稲尾の後継者として活躍するも「黒い霧事件」で追放処分。

3 東尾 修
実働20年（1969～88年）
通 251勝247敗23S　防 3.50　勝 .504
打者の内角を強気につくピッチングで200勝達成。通算与死球165は球界記録。

4 郭 泰源
実働13年（1985～97年）
通 117勝68敗18S　防 3.16　勝 .632
快速球と高速スライダーで西武黄金時代を支える。117勝は外国人投手最多。

5 松坂大輔
実働8年（1999～2006年）
通 108勝60敗1S　防 2.95　勝 .642
プロ入りから3年連続最多勝。甲子園が生んだ「平成の怪物」。

6 工藤公康
実働29年（西武、ダイエー、巨人など。西武には1982～94、10に在籍）
通 224勝142敗3S　防 3.45　勝 .612
西武時代は113勝。2004年、巨人在籍時に200勝達成。46歳まで現役を続ける。

7 岸 孝之
実働7年（2007年～）
通 76勝48敗1S　防 3.20　勝 .613
現在のプロ野球では珍しくなった、落差の大きなカーブが魅力。

8 渡辺久信
実働15年（西武1984～97年、ヤクルト98年）
通 125勝110敗27S　防 3.67　勝 .532
力で押す投球で、西武時代に124勝。現役引退後、台湾リーグで復帰し最多勝を獲得。

9 川崎徳次
実働15年（南海1940～42年、巨人46～49年、西鉄50～57年）
通 188勝156敗　防 2.53　勝 .547
西鉄創成期のエース。53年には24勝を挙げ、最多勝を獲得。西鉄時代は通算90勝。

10 西村貞朗
実働9年（1953～1962年）
通 82勝47敗　防 2.44　勝 .636
入団2年目から3年間で62勝をマーク。58年には完全試合も達成した。

【第一位―西鉄〜西武の歴代最強投手】

稲尾和久

投手に必要なすべてを備えた理想のエース

高校時代は無名だったが、三原脩監督に大抜擢されると、1年目から21勝を挙げて新人王。2年目からは3年連続30勝を達成し西鉄黄金時代のエースとして君臨した。1958年の日本シリーズで西鉄は巨人を相手に3連敗から4連勝し奇跡の逆転優勝。稲尾の投打にわたる超人的活躍に、地元新聞には「神様、仏様、稲尾様」の見出しが躍った。実働14年（1956〜69年）、276勝137敗、防御率1・98、勝率・668。

私はプロの投手に必要な能力は次の5つだと考える。

①原点能力（困ったときに外角低めのストレートでストライクを取れる能力）
②ほしいときにストライクをとれる複数の球種をもっている
③会心の当たりを許さない球威や制球力がある
④内角球をうまく使い、外角球の効力を上げられる
⑤守備とクイックモーションの技術に優れている

さらに、エースと呼ばれる投手であるためには次の2つの条件を加えたい。

⑥チームの危機を救い、ここ一番の試合で負けないこと

⑦チームの鑑であること

これらの7つの条件をすべて兼ね備えていたのが稲尾という投手である。つまり、私が考える理想の投手が稲尾だった。

ストレートの球速は同時期に活躍した金田正一さん、梶本隆夫、米田哲也ほどではなかった。しかし初速と終速の差が小さいのか、オールスターゲームで稲尾の球を受けたところ、ミットがポンと浮くような感じだった。それだけ伸びがある。だからバッターは差し込まれるし、空振りもする。江夏豊に破られるまで、シーズン奪三振の日本記録は稲尾の353だった。

球種はほかにスライダーとシュート。スライダーは稲尾の代名詞とも言うべき変化球で、右打者の外角低めをかすめ、滑りながら消えていくボールである。ストレートに近いスピードがあったから、今ならカットボールに分類されるかもしれない。

しかし、実はこのスライダー以上にやっかいだったのがシュートだ。右打者の内角を厳しくえぐり、これが気になるからスライダーはよけいに打てない。加えてコントロールが抜群に良かった。私が知る限り、プロ野球史上ナンバーワンの制球力の持ち主である。単にストライクゾーンの四隅に投げ分けるのではなく、その日の球審のジャッジを確認しながら、どんどんストライクゾーンを広げていった。

たとえば、最初に外角低めぎりぎりにストレートを投げ込む。これが球審に「ストライク」とコールされると、次はボール半個分外に投げる。これも「ストライク」なら、「このボールはどうだ？」「じゃあ、

入団2年目の1957年から3年連続30勝（史上唯一）を挙げるなど、西鉄黄金時代の中心として活躍した稲尾和久。1958年の巨人との日本シリーズでは5連投4連勝でチームを0勝3敗からの大逆転勝利に導き、最優秀選手に選ばれた。（写真提供：共同通信社）

これはどうだ？」と、半個分ずつ外に広げ、自分でストライクゾーンを決めてしまうという信じられない芸当ができた。もともと審判には「稲尾はコントロールがいい」という先入観があるから、外のジャッジはどんどん甘くなった。とりわけ甘かったのが浜崎忠治さんだ。「先発・稲尾、球審・浜崎」の組み合わせになったら、もうそれだけで勝てる気がしなかった。

稲尾の制球力については数字も証明している。日本タイ記録となる42勝（14敗）をマークした1961年、稲尾はトータルで404イニングを投げ、四球は72個しか与えていない。1試合平均の与四球率は1・60。稲尾のシーズン20連勝を破ったことから何かと比較されることの多かった2013年の田中将大は、この年、与四球率1・36を記録している。田中の制球力が稲尾を上回っているように思えるが、稲尾には敬遠が20あり、これを差し引くと与四球率は1・16となる。敬遠はもちろん稲尾の意思ではなく、監督の指示だ。また、稲尾は田中の倍近いイニングを投げているから、その疲労度を考慮すると驚異的な数字と言えよう。

投球フォームにもスキがなかった。軸足となる右足をヒールアップし、スリークォーター気味に投げる滑らかなフォームにはクセらしいクセがない。同じ腕の振り、同じリリースポイントからシュート、スライダーを投げ分けた。

さらに、稲尾は打者を観察し、巧みに狙いを外す技術も持ち合わせていた。たとえばキャッチャーのサインはインコースでも、モーションの途中でバッターのインコース狙いを察知すると、リリースの瞬間には外角に外すことができたのである。これではバッターは敵わない。

しかし、黙ってやられるばかりにはいかない。当時の西鉄と南海は優勝を争う宿敵だ。私はつてを頼り、稲尾のフォームを16ミリフィルムに撮影してもらい、部屋に持ち帰って、フィルムが擦り切れるほど繰り返し見た。その結果、一つだけわかったことがあった。ワインドアップして両手を組む際に、ボールの白い部分が見えるときと見えないときがあるのだ。見えないときは内角には投げてこない。つまり、外角のストレートかスライダーを待てばいい。

これで私の稲尾との対戦成績はずいぶん良くなった。ところが、である。チームメイトの杉浦忠がオールスターゲームでいらぬことを言ってしまった。

「サイちゃん（稲尾のアダ名）よう、野村はよーう研究しとるぞ」

そのとき、一瞬、稲尾の顔が険しくなったのがわかった。それでも、このくらいの会話ではバレていないだろうと思っていた。しかし、稲尾がクレバーなのは、次の対戦のときにはクセをすっかり修正してきたことだ。私は杉浦の無神経さに腹が立ったが、今思えば、それで良かったのである。相手が対抗策を講じたら、こっちはその上を行く攻略法を考えればいい。投手と打者はそのような切磋琢磨を繰り返しながら成長する。私は現役時代に稲尾という超一流の投手に出会えて、本当に良かったと思う。

プロ入り7年目、史上最速での200勝到達

高校時代は甲子園出場の経験もない無名の選手だった。西鉄は稲尾を打撃投手として採用したそうだ。

しかし、この打撃投手の仕事が稲尾の制球力を格段に向上させることになった。当時、フリー打撃を行う主力打者は「3球気持ち良く打ったら、1球休む」ことを好んだ。稲尾は打者が休むこの1球を使ってコーナーぎりぎりに投げ分け、コントロールの養成に励んだのである。野球頭脳に優れ、向上心があったということだ。

1956年、新人の年から素晴らしい活躍を見せた。2歳年上の私はちょうど一軍のレギュラー捕手となった時期であり、当然、ライバル意識は強かった。稲尾は5月20日に完封で初勝利を飾ると、シーズンを21勝6敗、防御率1・06（パ・リーグ記録）という抜群の成績で終え、新人王を獲得。日本シリーズでも6試合すべてに登板し、3勝を挙げた。翌年からは35勝、33勝、30勝と、日本プロ野球史上唯一の3年連続30勝を記録している。

西鉄も稲尾入団の年から3年連続で巨人を倒して日本一に輝いた。そのハイライトが1958年だろう。南海を相手に11ゲーム差から逆転優勝すると、日本シリーズでは巨人に3連敗後、稲尾が奇跡の4連投4連勝。5戦目には自らサヨナラ本塁打を放ち、流れを変えている。ここ一番で負けないエースの真価を遺憾なく発揮した。

デビューから7年目での200勝達成は史上最速であり、8年で234勝。実働14年、32歳という若さでの現役引退は、その原因が酷使にあるのは誰が見ても明白だが、稲尾にとっては本望だったはずだ。リリーフも連投も厭わず、試合の流れを読み、監督の意を汲んで自らブルペンへと向かう日々だった。まさにチームの鑑である。

【第二位―西鉄～西武の歴代最強投手】

池永正明

強打者も牛耳った若さに似合わぬ投球術

高校2年時、センバツ甲子園で54イニングを一人で投げ抜き優勝投手に。プロ入り後も1年目から20勝を挙げて新人王を獲得すると、5年間で99勝。勤続疲労による故障でリリーフに回っていた稲尾和久に代わるエースとして孤軍奮闘した。1969年オフに球界を揺るがした「黒い霧事件」に巻き込まれ、永久追放。2005年に処分は解除された。実働6年（1965～70年）、103勝65敗、防御率2・36、勝率・613。

おそろしく早熟なピッチャーだった。ストレートの球速は平均以上だが、手も足も出ないような剛速球を投げるわけではない。コントロールと投球術で打ち取るタイプだった。

池永のピッチングで唸ったのはオールスターゲームでバッテリーを組んだときである。試合前に簡単なサインの打ち合わせをしていると、池永がこんなことを提案してきた。

「野村さん、ランナーが一塁に出たら、ゲッツーに取りましょうか」

リーグを代表する強打者、好打者が揃ったオールスターで、若造にそんな器用なことが簡単にできるかと内心思ったが、お手並み拝見である。

池永ならずとも無死、もしくは一死で走者一塁なら内野ゴロを打たせて併殺打に打ち取りたい。当時、私が考える方法は右打者ならインコースのシュート系のボールで詰まらせ、ショートかサードにゴロを打たせることだった。池永はどうするのか。

彼が望む通り、一死走者一塁の場面がやってきた。打席にはセ・リーグを代表する右の某強打者。カウントは1ボール0ストライク。バッターが強引に打ちたくなる場面である。ここで池永は私の予想を超えるボールを投げ込んできた。

それは真ん中ややアウトコース寄りのシンカー気味のボールだった。しかも打ち頃のスピードで、ストライクゾーンからストンと落ちたのである。バッターはこれを強振し、打球はショート正面へ。宣言通りの併殺打が完成した。今なら常識とも言える攻め方だが、当時の私には目からウロコ。彼の投球術とそれを可能にするコントロールに感心した。

身長は175センチだから、投手としては決して恵まれた体だったわけではない。背格好といい、タイプとしては巨人の桑田真澄に近いだろうか。フィールディングやバッティングのセンスの非凡さも桑田に似ている。ただし、池永は桑田以上に足腰のバネの強さを感じさせた。

中学時代に陸上競技にも駆り出され、走り高跳び、砲丸投げ、80メートル走の3種競技で全国3位になったという身体能力の高さは投球フォームにも見てとれた。全身が弾むような力感あふれるフォームからストレート、スライダー、シュートをズバズバ投げ込んできた。打者との駆け引きにも長け、インコースにズバッとストレートを投げたかと思えば、外角のスライダーで打ち気をそらす。バッターに打ち気が

稲尾和久の後を次ぐエースとして活躍した池永正明。身長 175 センチ、体重 77 キロと決して大柄ではなかったが、野球センスに優れており、通算 13 本のホームランも放っている。「黒い霧事件」がなければ 300 勝はしていたとの意見もある。（写真提供：共同通信社）

ないと判断すれば、ど真ん中に平然と放り込む。気性が激しく、度胸もあった。相手がベテランだろうが誰であろうが、必要とあれば、大胆にインコースを攻め立てた。インコースに投げるだけなら問題ないのだが、頭を狙ったビーンボールを投げる常習犯でもあった。

池永のデビューした１９６５年は私が三冠王を獲得したシーズンだ。彼も相当私のことを意識していたに違いない。しつこく胸元を突いてきた。のけぞってボールを避けるようなことは何度もあった。ホームランを打った次の打席などは、とくにその傾向が強まる。

あまりのしつこさに私が声を荒らげたこともあった。しかし、それでもひるむことなく、胸元を突き、何食わぬ顔で頭の辺りに投げてきた。

池永はちょうど稲尾の衰えが目立ち始めた時期、そして自由競争最後の年の入団である。稲尾の後継者として期待され、それに応えるように1年目にいきなり20勝10敗。池永以降に、高卒新人で20勝を挙げた投手はいない。その後も順調に勝ち続け、5年間で99勝（62敗）。これは金田正一さんの１００勝（94敗）とほぼ同じペースだ。

しかし、６年目の１９６９年、球界を震撼させた八百長事件、いわゆる「黒い霧事件」に関与したとされ、永久失格選手となってしまった。処分が解除され、名誉を回復したのは35年後のことである。もし、西鉄で投げ続けていたら、２００勝到達はもちろん３００勝も可能だったかもしれない。

だが、稲尾のようなエースになれたかとなると、私は疑問に思う。少なくとも稲尾はビーンボールを平気で投げるような危険な投球はしなかった。池永という投手を今一つ高く評価できない理由はそこにある。

【第三位―西鉄〜西武の歴代最強投手】

東尾修

殴られてもマウンドを死守したハートの強さ

「黒い霧事件」で弱体化したチームを支え、2年目に11勝を挙げると、1975年の太平洋時代には最多勝のタイトルを獲得。一方で最多敗戦も3度記録している。その真価が発揮されたのは球団が西鉄から西武になって以後。大胆な内角攻めを持ち味とする「ケンカ投法」で連覇に貢献。1983年には最多勝、最優秀防御率の二冠とMVPに輝いた。実働20年（1969〜88年）、251勝247敗23S、防御率3・50、勝率・504。

同じチームにいると、後輩が先輩から学ぶものは多い。池永は大先輩の稲尾を手本に制球力を磨き、球速よりコントロールに重きを置いたピッチングを継承したはずだ。その池永のいい面と悪い面の両方を受け継いだのが東尾だった。

東尾のスリークォーターの投球フォームはバランスが取れた、アマチュア選手が手本としたいような投げ方である。特別ストレートが速いわけでもなく、武器は外角低めのスライダーとコントロール。そのスライダーを生かすために覚えたのがシュートであり、池永譲りの危険な投球スタイルだった。

外角のスライダーが投球の中心となるため、右打者に踏み込んでスイングされるのは好ましくない。それを防ぐために有効なのが右打者の懐をえぐるシュートであり、必要とあればビーンボールで威嚇することもした。

普通、投手はワインドアップしてから、自分が投げるコースから目を離さないものだ。しかし、東尾はしばしば打者の顔をにらみつけるような目で投げ込んで来た。これは怖い。私も「ぶつけられるかもしれない」と、何度も思った。これでは外角のボールに対して踏み込みづらいし、バッティングの集中力も削がれる。つまり、東尾の思うツボだ。

通算の無四球試合が33もあるくらいで、コントロールの良さには定評があった。一方で、通算与死球165は歴代1位。与死球が2ケタになったシーズンが6度あり、リーグ1位になったことも2度ある。こうした成績が東尾の特徴をはっきり表している。

当初は私も内角を大胆に攻めた結果、たまにボールがすっぽ抜けて死球になったのだろうと思っていた。しかし、そうではなかった。私は1979年から2年間西武でプレーしたが、移籍後早々、東尾に疑問をぶつけてみた。

「おまえが頭の辺りに投げるボールは意図的なものなのか」

「当たり前ですよ、ノムさん。それくらいしないと外角が生きてこないじゃないですか。それに死球なら打者は無条件に一塁に行ける。投げる側にもリスクはあるんですから」

これも一つのプロの仕事と言うべきか。いずれにしてもハートが強くなければ、東尾や池永のようなピッチングをすることはできない。

鬼気迫る表情でボールを投げ込む東尾修。死球をうまく意識させる〝頭脳的なピッチング〟で、長年にわたりエースとして活躍。通算 251 勝を挙げた。（写真提供：共同通信社）

私が現役を退いてしばらくしてから、事件が起きた。

1986年6月13日の西武対近鉄戦。近鉄のリチャード・デービスは東尾から右ヒジに死球を受けると、バットを放り投げ、一目散にマウンドに突進。東尾の顔面に数発パンチを浴びせた。当然、デービスは即刻退場となり、罰金や出場停止の処分を受けた。

デービスが暴行について「打者目がけて投げてくる東尾に対し、やるべきことをやっただけ」と発言すると、これを支持するパ・リーグの監督、コーチもいた。東尾の危険投球を日頃から快く思っていなかった人間は少なくなかったのである。東尾との対戦経験がある私も彼らの気持ちはわからないでもない。

それでも乱闘のあった試合で東尾が途中でマウンドを降りることなく、気迫の投球で完投勝ちしたのは立派だった。この向こう気の強さが東尾を支えた。

東尾がデビューした1969年は「黒い霧事件」で池永らが抜け、西鉄は深刻な戦力低下に見舞われている。これにより東尾の登板機会は増え、翌年には2ケタ勝利。その後、チーム名が太平洋クラブ、クラウンライター、西武と変わってもエースとして君臨し続けた。彼の野球人生に光が当たるようになったのは1982年に広岡達朗監督体制となってからだろう。7年間で6度のリーグ優勝と5度の日本一を経験する。その間の成績は92勝66敗。それ以前は159勝181敗と大きく負けが先行した投手だった。

得意のスライダーのキレ味は先輩の稲尾や池永の域にはなかったが、右打者の胸元からストライクゾーンに曲がるスライダー（インスラ）や、これを応用した左打者の外角のボールゾーンからストライクゾーンに曲がるスライダー（外スラ）に見るべきものがあった。

【第四位―西鉄～西武の歴代最強投手】

郭泰源

西武黄金期を支えた「オリエンタル・エクスプレス」

1984年のロサンゼルス五輪で最速157キロをマークし、メジャーリーグからも誘われた台湾屈指の本格派投手。しかし、故障が多く、シーズンを通してローテーションを守ったことは少ない。肩やヒジを痛めてからは高速スライダーやシュートを武器に西武の黄金時代を支えた。制球力も抜群で、通算117勝は外国人投手としては史上最多である。実働13年（1985～97年）、117勝68敗18S、防御率3・16、勝率・632。

ルーキーイヤーの頃から注目し、解説者だった私は郭を見るため、春のキャンプやオープン戦にも足を運んだことを憶えている。

ブルペンで投げている姿を見ただけで、「これはモノが違う」と思った。スラリとして手足が長く、少し猫背なのは背筋が発達しているからである。体がムチのようにしなり、球離れが遅い。ステップした左足が地面に着いても右肩が出てくるのをがまんできるため、腕の振りが素早くなる。どこも修正する必要のないバランスの取れたフォームから投げられるストレートは「オリエンタル・エクスプレス」のニックネームにふさわしい速さだった。

変化球も多彩で、カーブ、スライダー、シュート、フォークボールと投げ分ける。一番の武器である速球を生かす投球術もすでに身につけていた。なかでもスライダーはストレートに近いスピードがあり、打者の手元で鋭く変化した。

デビューしたばかりの頃のピッチングがベストではなかったか。4月に3完投で2勝を挙げると、防御率0・32で月間MVPを受賞。6月にはノーヒットノーランを演じてみせた。ところがシーズン途中で肩を痛め、この年は9勝5敗に終わった。翌年以降も肩痛やヒジ痛に苦しみ、「ガラスのエース」の印象がある。最も多く勝ったのが1991年の15勝。能力的には20勝してもおかしくない逸材だった。

郭が在籍した1985年からの13年間で、西武は10度パ・リーグを制覇し、6度の日本一を達成している。通算117勝だが、負けが68敗と少なく、勝率が6割を大きく超えている点は評価していい。

1991年に16勝を挙げた工藤公康ら多くのライバルを抑えてMVPを受賞できたのは、激しい優勝争いを繰り広げた近鉄から7勝を挙げたことが評価されてのものだった。

【第七位―西鉄〜西武の歴代最強投手】

岸孝之

「古くて新しい球種」カーブを駆使して打者を翻弄

ルーキーイヤーに11勝を挙げたが、新人王は楽天の田中将大に譲った。一躍その名を轟かせたのは2008年の日本シリーズ。落差の大きいカーブと快速球で巨人打線を翻弄し、シリーズ史上初の「初登板初完封・毎回奪三振」を記録した。第6戦のリリーフでも完璧に抑え、MVPを受賞。2014年にはロッテ戦でノーヒットノーランを達成した。実働7年（2007年〜）、76勝48敗1S、防御率3・20、勝率・613（※2013年まで）。

私たちの時代、変化球は「カーブ、シュート」が主流だった。その後、「スライダー、フォーク」の時代となり、今は直球を小さく動かす「カットボール、ツーシーム」が全盛だ。

変化球に流行があるのは日本もメジャーも同じだが、近年、かつての堀内恒夫や桑田真澄のような大きなカーブを投げる投手がめっきり少なくなった。だから、カーブは古くて新しい球種、打者が嫌がる最先端の変化球になろうとしている。それを実感させられたのが、2008年の西武対巨人の日本シリーズにおける岸孝之のピッチングだった。

楽天の監督をしている頃、岸とは何度も対戦しているが、このシリーズほどカーブを多投することはなかった。巨人の2勝1敗で迎えた第4戦、岸のカーブに巨人の強力打線は翻弄され、攻略の糸口さえ見つけられないまま完封されてしまった。第6戦でもリリーフで5回3分の2を完璧に抑え、シリーズのMVPに輝いている。

岸のカーブは落差が大きい。リリースされた直後にポンと浮き上がって、打者の手元に来てギュッと落ちてくる。この軌道を追うと、目線が上下に大きく動かされるため、バットをコントロールするのが難しくなる。しかも、岸のストレートはスピードガンが表示する球速以上にキレがあるから、緩いカーブにタイミングを崩される。

配球の基本は「緩急」「高低」「内と外」を投げ分け、打者を揺さぶることだ。曲がりの大きな岸のカーブは「緩急」と「高低」の幅を広げるのに非常に有効である。

それにしても最近のプロの選手はカーブ打ちが下手になった。それは少年野球がカーブなど変化球を禁止し、子どもたちがカーブを見て育っていないからではないか。骨が未発達な子どものヒジなどの故障を未然に防ぐための措置らしいが、カーブは全身を使って投げる変化球である。岸のようなカーブは今後、WBCなどの国際大会でも通用する大きな武器だと思うのだが……。

【第三章】

毎日～ロッテの歴代最強投手

球団名の変遷

- ●毎日オリオンズ（1950年～1957年）
- ●大毎オリオンズ（1958年～1963年）
- ●東京オリオンズ（1964年～1968年）
- ●ロッテオリオンズ（1969年～1991年）
- ●千葉ロッテマリーンズ（1992年～）

一際目立つ成田、木樽のWエース時代

2リーグ制となった1950年、初代のパ・リーグチャンピオンとなったのは毎日オリオンズである。新人王で最多勝にも輝いた荒巻淳さんを中心に、サイドスローの野村武史さん、技巧派左腕の榎原好《えばらよしみ》さんが三本柱を形成。10年後に2度目の優勝をしたときは33勝を挙げた剛速球のサウスポー、小野正一さんが大黒柱だった。

1964年に25勝を挙げた坂井勝二はアンダースローながら速球派。歴代2位の143与死球が示す通り、強気に右打者のインコースを攻め立てた。

その後、チームがロッテ・オリオンズとなり、1970年に本拠地東京球場で優勝したときの投手陣が球団史上最強だったのではないか。成田文男25勝、木樽正明21勝、小山正明16勝と、3人でチーム80勝の8割近くを占める62勝を稼いでいる。MVPに輝いたのはリリーフから先発に転向した木樽正明だ。腰痛に苦しみ、29歳の若さで現役を終えているが、パの右の強打者が手を焼いたシュートは切れ味鋭く、成田直伝のスライダーにも威力があった。

1974年には木樽、成田のWエースに、若い村田兆治、東映から移籍の金田留弘の4本柱で優勝、そして初の日本一に輝くが、その後、30年以上優勝から遠ざかる。

この間、絶対的なエースとして君臨したのは村田だが、八木沢荘六、仁科時成も思い出深い。八木沢は通算71勝ながら、1973年に球団でただ一人の完全試合を達成している。一方、仁科は9回二死までノーヒットノーランに抑えながら、最後に打たれた苦い経験を2度もしている。仁科は変則的なサイドスロー投手。オーバースローを無理矢理サイドにしたようなフォームは、よほど体が柔らかかったからできたのだろう。シンカーを武器に通算110勝の成績を残した。

荒巻、小野、村田と続いた本格派投手の伝統を受けついだのが、当時の日本最速をマークした伊良部秀輝だ。一方には小宮山悟という技巧派投手がいて、好対照の二人が防御率のタイトルを争った1995年にチームは2位になっている。

31年ぶりの優勝を遂げるのは2005年。渡辺俊介、小林宏之、ダン・セラフィニ、清水直行、久保康友、小野晋吾と実に6人の2ケタ勝利投手が誕生した。一番個性的なのはアンダースローの渡辺だ。地面すれすれの位置からボールが出てくる。ボールの出どころの低さは私が現役時代に対戦した山田久志や足立光宏以上で、世界一低いとの評価も納得できる。落差の大きいシンカーの威力は山田、足立の域にはないが、左打者には有効だ。

その渡辺もメジャーを目指して現在、渡米中。伊良部に始まり、小宮山悟、藪田安彦、小林雅英、小林宏之、西岡剛と、どうもロッテ出身者にはメジャー志向の選手が多い気がする。これもボビー・バレンタインの影響だろうか。

野村が選ぶ「毎日～ロッテの歴代投手ベスト10」

1 村田兆治 実働22年（1968～90年）
通 215勝177敗33S 防 3.24 勝 .548
ダイナミックな「マサカリ投法」で、パ・リーグを代表するエースに。ヒジの手術を経験したが、39歳で三度目の最優秀防御率に輝くなど長年にわたって活躍した。

2 成田文男 実働17年（ロッテ1965～78年、日本ハム80～82年）
通 175勝129敗8S 防 3.20 勝 .576
ロッテ時代に169勝。キレ味抜群の高速スライダーにはメジャー関係者も驚いた。

3 荒巻 淳 実働13年（毎日・大毎1950～61年、阪急62年）
通 173勝107敗 防 2.23 勝 .618
左腕から投じる快速球から「和製火の玉投手」の異名を持つ。毎日・大毎で173勝。

4 小野正一 実働15年（毎日・大毎・東京1956～64年、大洋65～67年、中日68～70年）
通 184勝155敗 防 2.80 勝 .543
長身の本格化左腕。速球と曲がりの大きなカーブで三振の山を築く。毎日で142勝。

5 木樽正明 実働11年（1966～76年）
通 112勝80敗3S 防 3.05 勝 .583
先発に転向した70年から2年連続20勝以上。持病の腰痛により、29歳で引退した。

6 伊良部秀輝 実働11年（ロッテ1988～96年、阪神03～04年）
通 72勝69敗11S 防 3.55 勝 .511
最速158キロを誇る剛腕。メジャーを経て、日本球界に復帰した際は技巧派に。

7 坂井勝二 実働18年（大毎・東京・ロッテ1959～69年、大洋70～75年、日本ハム76年）
通 166勝186敗1S 防 3.26 勝 .472
7年連続2ケタ勝利を挙げるなど、大毎～ロッテで110勝。ロッテ投手陣を支えた。

8 仁科時成 実働12年（1977～88年）
通 110勝108敗1S 防 4.10 勝 .505
80年代のロッテを村田と牽引。9回2アウトからノーヒットノーランに2度失敗。

9 小宮山悟 実働18年（ロッテ1990～99年、横浜00～01年、ロッテ04～09年）
通 117勝141敗4S 防 3.71 勝 .453
打者心理をついた頭脳的な投球が持ち味。02年にはメジャーリーグにも挑戦した。

10 八木沢荘六 実働13年（1967～1979年）
通 71勝66敗8S 防 3.32 勝 .518
73年、プロ入り初完封で完全試合達成。先発に定着した76年には15勝を挙げた。

【第一位―毎日～ロッテの歴代最強投手】

村田兆治

トミー・ジョン手術から復活したマサカリフォーク

鳴かず飛ばずの3年間を経てフォームを改造。1971年に「マサカリ投法」が誕生した。以後、最優秀防御率、最多勝のタイトルを獲得するが、ヒジを痛め、1983年に「トミー・ジョン手術」を受ける。1985年に完全復活すると、衰えぬ球威とフォークボールで快投を続け、日曜日ごとに登板することから「サンデー兆治」と呼ばれた。実働22年（1968～90年）、215勝177敗33S、防御率3・24、勝率・548。

「マサカリ投法」とはよく言ったものである。村田の豪快なフォームにも、彼の実直なイメージにもピッタリのニックネームだ。

軸足をくの字に曲げ、一度体を沈めてから、ウエートを左に移動させながら右腕を力強く振り出す。まるで木こりがマサカリをかついで振り下ろすようなフォームは一度見たら忘れない。よほど下半身が強くなければ、そして筋肉が柔らかくなければできない投げ方だ。

しかし、村田がこのフォームで投げるようになったのはプロに入って4年目の1971年。それまではオーソドックスなオーバーハンドスロー、球種はストレートと曲がり具合の悪いカーブしかなかった。

しかも生来のノーコンはなかなか改善されない。どうせコントロールがないなら、もっと速く、威力のあるボールを投げようと体のタメをつくることを考えた。そんなある種の開き直りから生まれたフォークらしい。

彼の代名詞ともなるフォークボールも、この頃から習得に着手し始める。十分に自分のものにしたのは金田正一監督率いるロッテが優勝した１９７４年。セ・リーグの覇者である中日との日本シリーズで、谷沢健一、木俣達彦、井上弘昭らのバットは村田が投じるボール球のフォークに空を切るばかりだった。

村田はこの年から１９８１年までの８年間で、６度の２ケタ勝利を記録している。この間には2年連続最優秀防御率、最多奪三振４回、最多勝１回と数々の投手タイトルを獲得し、すっかりリーグを代表するエースとなった。

当然、私が兼任監督をしていた南海とは幾度となく対戦している。たしかに村田のストレートは速い。勢いがある。しかし、同時期に活躍した阪急の山口高志のようにまったく手に負えないボールではなかった。問題はフォークである。ストレートと変わらないスピードと軌道で打者に向かってきて、ベースの近くでストンと落ちて視界から消える。これを意識しすぎると、ストレートにも手が出なくなってしまう。

実は、我々は村田のクセを盗んでいた。サード・コーチャーのドン・ブレーザーが横から村田のフォームを見ると、ワインドアップし右腕が下へ引き下ろされた瞬間、ボールを指で挟んでいるかどうかがわかった。だから、村田がフォークを投げるときはブレイザーが口笛で知らせた。村田のフォークはほとんどが低目のストライクゾーンからボールになる。歴代１位の通算１４８暴投がそれを証明している。だか

「マサカリ投法」と呼ばれた村田兆治の投球フォーム。剛速球と落差の大きなフォークボールで数々のタイトルを獲得。エースとして活躍したが、82年にヒジを故障。そこからの復活劇、そして200勝到達はロッテファンを熱狂させた。（写真提供：共同通信社）

ら、フォークとわかれば、振らなければいいのだ。

しかし、村田も口笛に気づき、策を講じてきた。投球モーションの途中でストレートとフォークの握りを自由自在に変えるテクニックを身につけたのである。こうなると今度はこっちが翻弄される側だ。こうした技術革新により村田はひと回り大きなエースへ成長した。

順調だった村田の野球人生が暗転するのは1982年。ヒジの故障でボールを投げることさえできなくなり、翌年、アメリカでフランク・ジョーブ博士による手術を受ける。損傷したヒジのじん帯を切除し、他の部位から正常な腱の一部を移植する、いわゆるトミー・ジョン手術だ。現在、メジャーでは毎年、40人以上の投手がこの手術を受けているという。松坂大輔や田澤純一ら多くの日本人選手もトミー・ジョン手術から復帰しているが、村田が手術に踏み切ったのは投手がヒジにメスを入れたら選手生命は終わりだと言われた時代だった。勇気ある決断だったと思う。

村田の完全復活は1985年。毎週日曜日に登板することから「サンデー兆治」と呼ばれ、開幕から11連勝。17勝5敗でカムバック賞を受賞した。防御率4・30だから、必ずしも内容は良くない。しかも村田は投球数が多く、1試合155球の完投勝利もあった。普通、野手は球数の多い投手を嫌がるものだ。守備についている時間が長くなると、リズムを崩しバッティングに集中できないからだ。にもかかわらず、この年のロッテ打線は奮起し、村田が投げる試合ではよく打った。おそらく一度地獄を見た男が、ひたむきに黙々と投げ続ける姿にチームメートも心を打たれたのだろう。

「エースはチームの鑑たれ」は私のモットーだが、村田にはその姿勢があったのだ。

【第二位―毎日～ロッテの歴代最強投手】

成田文男

メジャーリーガーも驚愕させたスライダー

キレのある速球とメジャー関係者も注目した高速スライダーの威力で、1968年から3年連続20勝。1969年には阪急戦でノーヒットノーランを達成し、1970年はパ・リーグ最多の25勝を挙げてチームをリーグ優勝に導いた。東京都足立区に育ち、荒川区にあった東京スタジアムを本拠地として投げる姿から「下町のエース」の名で親しまれた。実働17年（［ロッテ］1965～78年、［日本ハム］80～82年）、175勝129敗8S（うちロッテで169勝）、防御率3・20、勝率・576。

これまでに切れ味鋭いスライダーの使い手を何人も見てきた。

ベスト候補は監督時代なら、ヤクルトの伊藤智仁と楽天の田中将大である。現役時代、実際にバッターボックスに立って対戦した経験から言えば、西鉄の稲尾和久、ロッテの成田文男だ。私自身、稲尾に対してはスライダーよりシュートのほうが嫌だったから、スライダーという球種一つに限って判断すると、成田が最高だったと言えるかもしれない。

ここに挙げた4人の共通点は高い制球力を備えていることである。スライダーはストレートと同じ投げ方で、手首の角度やリリース時の指先の力の入れ加減を変えるだけで曲がるため、他の球種に比べ投げやすい。しかし、弊害も少なくない。甘く真ん中に入ると簡単に長打される。さらにスライダーを多く投げると、ストレートの回転が悪くなり、スピードが落ちることがある。アバウトなコントロールしかなく、球威に頼って投げている投手ほどその傾向が強い。阪急の山口高志がやはりスライダーを投げるようになってスピードが落ちた。

スライダーは高い制球力、とくに外角低めにストレートをきっちり投げ切れる能力があって初めて生きるボールなのである。

さて、成田のスライダーだが、ほとんど真っ直ぐと変わらないスピード、変わらない軌道で打者に向かってきて、手元で真横に滑るように変化した。現在のカットボールのように微妙な動きでバットの芯を外す変化とも違う。曲がりはもっと大きく、しかも絶妙なコントロールでベースの角をかすめていく。曲がり具合は伊藤智仁の高速スライダーが一番近いかもしれない。打者としてはストレート系のボールを打つようには打てないし、カーブのタイミングで打ってもダメ。実にやっかいなボールだった。

成田のスライダーに瞠目したのは日本人だけではない。

1968年、日米野球でセントルイス・カージナルスが来日しているが、このなかに後に300勝投手となり、野球殿堂入りを果たしたスティーブ・カールトンがいた。まだ23歳だった彼は対戦相手の成田のピッチングを見て、そのスライダーに感心し、帰国後これをマスターしたというのは有名な話である。カールトンはその後、20勝以上を6度マークし、サイ・ヤング賞にも4度輝いている。

「下町のエース」として親しまれた成田文男。プロ野球史上、屈指のスライダーの使い手でシーズン20勝以上を4度記録した。ビートたけしとは中学時代の同級生。たけしが入部した野球部のエースが成田だった。(写真提供：共同通信社)

さらに1971年、ロッテはアリゾナ・キャンプに参加し、成田はオープン戦でサンフランシスコ・ジャイアンツ相手に登板する機会を得た。滑らかなフォームから繰り出される快速球と高速スライダーにウィリー・メイズ、ウィリー・マッコビーらメジャーを代表する強打者もタジタジで、終わってみれば、延長10回を1失点の好投。日本人メジャーリーガー第1号の村上雅則の活躍から、まだ数年しか経っていない。メジャーの関係者が成田を口説いたのも当然だろう。私もメジャーで十分通用したと思う。

まさに成田の絶頂期であった。1968年から3年連続で20勝以上をマークし、1969年には当時リーグ3連覇中だった強打の阪急を相手にノーヒットノーランを達成。1970年には25勝8敗の成績でリーグ優勝の原動力となった。

バッティングのセンスにも定評があり、池永正明（西鉄）や堀内恒夫（巨人）に通じるものがあった。パ・リーグは1975年から指名打者制を採用したため、通算本塁打は15本だが、満塁本塁打2本、3試合連続本塁打はともに投手としての日本記録である。

ただし、ロッテ監督となった金田正一さんとは相性が悪く衝突することも多かったようだ。クールな頭脳派よりも、村田兆治のような熱投派の投手を好む金田さんのことだから、好き嫌いが態度に出たのだろうが、成田も一見やさ男のようで気は強い。

成田は金田さんの前任の大沢啓二監督を慕っていたらしく、晩年は大沢監督が指揮を執った日本ハムに移籍し、主にリリーフで登板。引退の際には「オッサン（大沢監督のこと）の胴上げ（1981年のリーグ優勝）もできたし、思い残すことはない」と語っている。

【第三位―毎日～ロッテの歴代最強投手】

荒巻淳

「和製火の玉投手」と呼ばれた伝説のサウスポー

メジャーリーグの速球王ボブ・フェラーのニックネームにあやかり「和製火の玉投手」と呼ばれた左腕。2リーグ制が始まった1950年に26勝を挙げて新人王に輝き、チームをリーグ優勝、日本一に導いた。その後、球威が衰えるとカーブに磨きをかけ、1953年から7年連続15勝以上。きゃしゃな体に似合わず闘志にあふれ、守備も天下一品だった。実働13年（[毎日・大毎]1950～61年、[阪急]62年）、173勝107敗、防御率2・23、勝率・618。

15球団による2リーグ制がスタートした1950年のパ・リーグ新人王がサウスポーの荒巻さんだ。アマチュア選手が大挙してプロ入りし、金田正一さんのように17歳の新人もいれば、セ・リーグの新人王となった松竹の大島信雄さんのように29歳のオールドルーキーもいた。

荒巻さんは23歳でのプロ入りだが、社会人野球の時代からストレートの速さは有名だった。「和製火の玉投手」の異名はその頃につけられたものだ。元祖「火の玉投手」はメジャーリーグのボブ・フェラー。1946年に米軍の砲弾スピード測定器で計測した球速は173キロだったとも伝えられる。はたして全盛期の荒巻さんのスピードはどれくらいだったのか。低めのストレートがホップして高めのストライクになったという逸話を聞いたことがある。

荒巻さんは新人でいきなり26勝8敗、防御率2・06という抜群の成績を残し、毎日オリオンズのリーグ優勝に貢献した。しかし、私が対戦したときはストレートより落差の大きなカーブが印象的だった。速いテンポでポンポン投げ込み、そのカーブがコーナーぎりぎりに決まると、手が出なかった。荒巻さんが30歳の頃である。

174センチ、61キロと体はプロ野球選手とは思えないほど細い。しかし全身これバネといった感じの投げ方で、調子がいいときはマウンド上で飛び跳ねているようにも見えた。投手でありながら代走に起用されたこともあるくらいで、運動神経は抜群だった。

13年間で20勝以上が3回あり、通算173勝107敗。勝ち星以上に素晴らしいのが、通算与死球13、敬遠16の数字である。バッターに対しフェアな勝負を貫いた人だった。

同じ大分出身の稲尾和久が憧れたピッチャーでもある。私は一軍昇格間もない頃、荒巻さんの「野村はきっといいバッターになる」という言葉を新聞記者から伝え聞き、それがプロで飯を食っていく上での大きな自信となった。

【第四位―毎日～ロッテの歴代最強投手】

小野正一

左腕最多のシーズン33勝を誇る荒れ球投手

1956年に入団したときは一塁手も兼ねていたが、コーチのアドバイスで投手に専念。2年目には26勝9敗、防御率1・73でエースの座についた。長身から投げ下ろす速球は威力十分。1960年には33勝を挙げてリーグ優勝に大きく貢献。33勝のうち21勝はリリーフによるものだった。晩年はセ・リーグに活躍の場を移し、大洋、中日と渡り歩いた。実働15年（[毎日、大毎、東京］1956～64年、［大洋］65～67年、［中日］68～70年）、184勝155敗（うち毎日～東京で142勝）、防御率2・80、勝率・543。

「火の玉投手」の荒巻淳さんとちょうど入れ替わるように現れたサウスポーが小野さんである。荒巻さんと違って185センチと上背があり、肩幅の広い体はいかにも頑丈そうだった。

ノンプロ時代は的が大きいという理由だけで、最初は一塁手を任されていたらしい。それが毎日300球の遠投で肩が鍛えられ、ピッチャーに転向したというから驚く。プロに入ってからも通常の練習メニューをこなした後に300球の遠投を続けた。その上、試合では連投しても肩やヒジを故障することがなかったというから、よほど筋肉や骨が強かったのだろう。あるいは学生時代にピッチャーをやっていない分、肩を消耗していなかったのかもしれない。

球団は左投げであるという理由だけで採用したそうだが、これが大当たりだった。プロ入りの時点ではカーブの投げ方も知らなかった急造ピッチャーが2年目に26勝を挙げてエースになると、1960年には67試合に登板し、33勝11敗、防御率1・98という驚異的な成績でチームをリーグ優勝に導いている。シーズン33勝は金田正一さんを超え、歴代左腕最多。

実はこの年の小野さんは西本幸雄監督の考えで主にリリーフとして起用され、先発は22試合しかない。それで300イニング以上投げたということは、いかにロングリリーフが多かったか。翌年、勝ち星が半減したのは間違いなく登板過多による疲労が原因だ。

豪快なフォームから繰り出される小野さんのストレートは角度があって速く、カーブのブレーキも鋭い。しかし欠点があった。コントロールが悪いのである。4年目から5年連続与四球王という投手としてはありがたくない日本記録をつくっている。もちろん、打者は荒れ球を嫌がるから、剛球投手にとっては武器にもなる。

最後の所属球団は中日。200勝目前での引退は「黒い霧事件」の報道で名前が出たからだ。セ・リーグ会長が潔白を証明したが、本人はすっかり球界に嫌気がさしてしまったらしい。

【第六位―毎日～ロッテの歴代最強投手】

伊良部秀輝

不器用な生き方しかできなかった剛球右腕

高校時代から注目された剛速球は1993年、清原和博との対決でついに日本最速（当時）の158キロをマークした。翌年からはエースとして最多勝、最優秀防御率などのタイトルを獲得。自身の憧れ、球団との確執から1997年にメジャーに移籍し、ヤンキースで2度の2ケタ勝利を記録。日本球界に復帰後は阪神で18年ぶりのリーグ優勝に貢献した。実働11年（［ロッテ］1988～96年、［阪神］03～04年）、72勝69敗11S（うちロッテで59勝）、防御率3・55、勝率・511（日本球界のみ）。

伊良部や野茂が頭角を現してきた時期、私はヤクルトの監督をしていたため、そのピッチングを見ることはほとんどなかった。日本シリーズで対戦する機会もなく、せいぜいオールスターゲームが彼らをナマで見るチャンスだった。あとはスポーツニュースなどの映像だ。それでもファンを沸かせた1993年5月3日の清原との対決は憶えている。

当時の記事で確認すると、伊良部は西武の4番・清原に対して初球から150キロ台のボールを連発し、3球目に当時の日本最速の158キロをマーク。これは自身が4年前にマークした日本記録の156

キロを更新するボールだった。この後も伊良部は意地になってストレートを投げ続け、結局、最後は渾身の157キロを完璧に弾き返され、二塁打となった。

当時、「平成の名勝負」などとマスコミは褒めそやしたが、本当にそう言えるのか。チームの勝利を度外視して勝負を挑み、その結果打たれたのだから、日本記録が泣く。この頃の伊良部はまだローテーション投手ではなく、クイックモーションなどの課題も多かった。

伊良部が本当の意味で名勝負を繰り広げたのはイチローではなかったか。1995年、日本シリーズで対戦することになったオリックスのイチローのビデオはかなり見たが、この時期の伊良部は高速フォークを効果的に使ってイチローを抑えている。ストレートも球速以上にキレがあり、投手としての完成度は高い。後に、イチローもメジャー投手の球速を判断するとき、基準は伊良部だったと語っている。

日本を代表するエースになりかけた時点で、伊良部はヤンキースに移籍した。しかし日米を巻き込んだ三角トレード騒動やその後の暴言、唾はき事件などで、マスコミやファンを敵に回してしまった。彼を知る人は純粋な性格で、ピッチングに対する研究心は人一倍旺盛だったという。稀有な才能がありながら、不器用にしか生きられなかったのが惜しい。

【第四章】

南海～ソフトバンクの歴代最強投手

球団名の変遷

●南海軍（1938年秋～1944年5月31日）
●近畿日本軍（1944年6月1日～1945年）
●グレートリング（1946年～1947年5月31日）
●南海ホークス（1947年6月1日～1988年）
●福岡ダイエーホークス（1989年～2004年）
●福岡ソフトバンクホークス（2005年～）

投手王国から野村再生工場の時代へ

かつての南海はパ・リーグ屈指の名門球団だった。セ・パ2リーグ制がスタートした1950年から20年間でリーグ優勝が9回、日本シリーズ制覇が2回。リーグ3連覇も2回ある。この好成績は数多くの好投手によって支えられた。

初期のエースがサウスポーの柚木進《ゆきすすむ》さんである。抜群の制球力で、20勝は1度もないが、19勝を4度記録している。1952年は19勝7敗、防御率1・91でMVPにも輝いた。

私と同期で、私が二軍でくすぶっている間に凄まじい活躍を見せたのが宅和本司《たくわもとじ》である。1954年、剛速球と縦のカーブを武器に高卒ルーキーがいきなり26勝9敗、防御率1・58、275奪三振を記録し、最多勝、最優秀防御率、奪三振王、新人王を獲得した。この年、南海は終盤に18連勝を含む26勝1敗という猛烈なペースで首位の西鉄を追い上げ、わずか0・5ゲーム届かなかったが、この間、宅和は10勝を挙げている。

翌年も宅和は24勝で最多勝。しかし、3年目以降は6勝しかしていない。酷使に原因があるのは明らかだ。力のある投手、調子のいい投手はどんどん使うのが当時の野球だったとはいえ、日本シリーズ4連投4連勝の杉浦忠を筆頭に、鶴岡一人監督がつぶしてしまった投手は多い。

1950年代後半からの南海黄金期を支えたのはその杉浦、皆川睦雄、スタンカといった球界を代表する屈指の好投手たちだった。

しかし、私が兼任監督に就任した1970年、投手の人材は払底していた。やむなく他球団から江本孟紀《えもとたけのり》、山内新一、松原明夫、江夏豊といった投手をトレードで獲得し、眠っていた才能を開花させることを試みた。野村再生工場をフル稼働せざるを得なかったのである。当時のドラフト1位選手で思い出すのは佐藤道郎だ。「モーションは160キロ、来る球は130キロ」とも言われたボールの遅さと度胸で、2度の最優秀防御率に輝いている。

1989年に身売りし、ダイエー、ソフトバンクと資金力のある企業が親会社となって以後は、次々と有力投手をドラフトやトレードで獲得し、育成していく。ローテーション投手としての安定感と貢献度の高さでは和田毅、杉内俊哉の両左腕。ともにチームを去ったが、通算100勝以上を挙げている。和田の球の出どころの分かりづらい投球スタイルは技巧派ならではの魅力があり、メジャーリーグでも十分通用すると思うのだが。

惜しかったのは斉藤和己だ。192センチの長身から投げ下ろす150キロ超えのストレートと高速フォークは日本人離れした能力を感じさせた。度重なるケガでコンスタントに活躍できなかったのが残念だ。2006年、日本ハムとのプレーオフの際、0対1で惜敗し、マウンドで泣き崩れる姿が印象に残っている。

野村が選ぶ「南海～ソフトバンクの歴代投手ベスト10」

1 杉浦 忠
実働13年（1958～70年）
通 187勝106敗 防 2.39 勝 .638
下手投げからノビのあるストレートと曲がりの大きなカーブで打者を牛耳った。200勝には至らなかったが、日本シリーズ4連投4連勝など、記憶に残る大投手だ。

2 皆川睦雄
実働18年（1954～71年）
通 221勝139敗 防 2.42 勝 .614
日本プロ野球界最後のシーズン30勝投手。ひとつの変化球が人生を変えた。

3 スタンカ
実働7年（南海1960～65年、大洋66年）
通 100勝72敗 防 3.03 勝 .581
南海の最強助っ人外国人投手。64年には日本シリーズ3勝3完封。南海で94勝。

4 柚木 進
実働9年（1948～56年）
通 123勝64敗 防 2.49 勝 .658
1年目から7年連続2ケタ勝利（19勝が4度）。南海創成期のエースとして活躍した。

5 山内新一
実働17年（巨人1969～72年、南海73～83年、阪神84～85年）
通 143勝142敗 防 3.74 勝 .502
巨人時代は5年で14勝も、南海に移籍し投球術が開眼。11年で121勝を挙げた。

6 和田 毅
実働9年（2003～11年）
通 107勝61敗 防 3.13 勝 .637
杉内俊哉と左腕のWエースとして活躍。14年はメジャーで復活登板も果たした。

7 江本孟紀
実働11年（東映1971年、南海72～75年、阪神76～81年）
通 113勝126敗19S 防 3.52 勝 .473
移籍初年度にいきなり16勝。南海時代は毎年2ケタ勝利で、通算52勝を挙げた。

8 斉藤和巳
実働11年（1997～07年）
通 79勝23敗 防 3.33 勝 .775
00年代のホークスを代表するエース。勝率.775は驚異的も、度重なる故障に泣いた。

9 杉内俊哉
実働12年（ソフトバンク2002～11年、巨人12年～）
通 126勝65敗 防 2.88 勝 .660
ゆったりしたフォームからキレのいい球を投げ込む。11年オフ、FAで巨人に移籍。

10 宅和本司
実働8年（南海1954～59年、近鉄60～61年）
通 56勝26敗 防 2.29 勝 .683
プロ入り2年で50勝を挙げた俊才。故障などもあり4年目以降は未勝利に終わった。

【第一位──南海～ソフトバンクの歴代最強投手】

杉浦忠

史上最強のエースとして輝いた1959年

大学時代は長嶋茂雄と同期、立教大学黄金期の中心選手として活躍した。南海に入団すると1年目からエースの座につき、4年連続20勝以上。1959年は38勝4敗、防御率1・40という超人的働きで、ライバル西鉄を下し4年ぶりのリーグ優勝に貢献。日本シリーズでも巨人を相手に4連投4連勝の快投。もちろんシーズンも日本シリーズもMVPに輝いた。実働13年（1958～70年）、187勝106敗、防御率2・39、勝率・638。

全盛期の杉浦ほどボールを受けていて面白くなかった投手はいない。

なぜなら、キャッチャーとしてやることがないのである。杉浦の好きに投げさせておけば、打球はまともに前に飛ばないし、リードの必要がない。杉浦のようなピッチャーばかりだったら、キャッチャーは育たないだろう。

杉浦が最も輝いたのは1959年だ。38勝4敗、防御率1・40。勝ち星の38も素晴らしいが、負けが4つしかないというのが驚きである。あの稲尾も2年後の1961年にビクトル・スタルヒンさんと並ぶ日本歴代1位の42勝を挙げているが、負けは14あった。1シーズン限定という条件付きだったら、1959

年の杉浦こそ、最強の投手に推す。それほどこの年の杉浦のピッチングは文句のつけようがなかった。

杉浦の凄さは数字も証明している。近年、メジャーではセイバーメトリクスと言って、統計学的な見地に基づく指標によって選手の実力が表されるようになった。投手であれば、勝利数や防御率以外のさまざまな数値にも信頼が置かれるようになったのだが、その一つがＷＨＩＰである。これは投手が1イニングあたりにどれだけのランナーを出したかを示すもので、ヒットと四球が少なければ少ないほど数字は小さくなる。

では、１９５９年の杉浦はどうだったのか。調べてみると、０・75。9回を投げた場合、ヒットと四球を合わせ、1試合平均7人もランナーを出していない計算である。

金田さんのＷＨＩＰが一番良かったシーズンは１９５６年の０・82。稲尾は１９５７年の０・85。ちなみに２０１３年に24勝無敗だった田中将大は０・94である。村山実と小山正明さんが、杉浦とほぼ同じ数字を記録したシーズンがあるが、投球回数が比べものにならない。村山も小山さんも投球回数は３００イニングに達していないが、この年の杉浦はリリーフ34試合を含む69試合に登板し、実に３７１イニング3分の1を投げているのだ。

四球も35と極端に少ない。1試合平均の与四球率は0・85である。こんな数字は「針の穴を通す」と言われた小山さんや稲尾も記録したことはない。しかし、杉浦には二人ほどのコントロールはなかった。ボールを受けた私が言うのだから間違いない。

こういう言い方が正しいだろう。小山さんや稲尾のようにコーナーぎりぎりに投げ切る制球力はない

1959年9月29日の南海 - 東映戦、7回途中から金彦任重を救援し、36勝目（4敗）を挙げた、全盛期の杉浦忠。シーズン38勝4敗で最多勝、最優秀防御率（1.40）、最多奪三振（336）を獲得。迎えた巨人との日本シリーズでは、伝説の4連投4連勝で南海を初の日本一に導いた。（写真提供：共同通信社）

が、ストライクゾーンに投げるだけのアバウトなコントロールはあった。それでも打たれないだけの球威があり、その結果が38勝4敗だったのである。

フォームはアンダースローに近いサイドスロー。ゆったりしたバックスイングから流れるようなフォロースルーまで、スローモーションを見るように美しかった。

武器はストレートとカーブの2種類しかない。ストレートは打者の手元でホップするような球筋で、打者は当てるのがやっと。思い切り振れば、ボールはバットの上を通過した。打者がアッパースイングした低めのボールがファウルチップとなり、私の喉元を直撃したこともある。低めのボールがそれほど浮き上がってきたのである。

カーブの曲がりも大きかった。ボールゾーンから急激にグッと曲がって、ホームベース上を通過する。ブレーキが非常に効いており、左打者がストライクだと思って振ったボールが体に当たるようなことも少なくなかった。

この2つの球種を組み合わせれば、打者を打ち取るのは容易である。杉浦のストレートは狙えば当てることはできたが、せいぜいファウルだ。なかなか前に飛ばない。これでカウントを稼いで追い込み、最後にカーブを投げれば、ほぼ確実に凡打に打ち取ることができた。高校野球レベルの配球でいいのだから、キャッチャーは楽である。

当然、左打者も苦にしない。1959年の巨人との日本シリーズでは水原茂監督がズラリと左打者を並べてきたこともあったが、杉浦攻略はならなかった。もはや伝説となった杉浦の4連投4連勝で宿敵巨人を破ったシリーズである。第1戦に先発すると、第2戦はリリーフで5回を投げ抜き、移動日をはさんだ第3戦は延長10回を完投勝ち。雨のため1日順延された第4戦は3対0の完封勝ちだった。4試合32回を投げ、4勝無敗。防御率1・41。シーズン中とまったく変わらない圧倒的なピッチング内容で巨人をねじ伏せた。

ウィリー・メイズに匹敵する筋肉

杉浦に驚かされたのはピッチングだけではない。

南海のキャンプに大学の先生が来て陸上競技の指導をしてくれたことがあったのだが、短距離走、ハードル走、走り幅跳び、走り高跳び、三段跳びと、杉浦は何をやっても軽々とこなし、一人飛び抜けた成績を出していた。

走るだけなら、盗塁王の広瀬叔功《ひろせよしのり》（通算596盗塁、歴代二位）もかなり速い。しかしフォームが違う。どこか不格好な広瀬に対し、まるで陸上のトップランナーが走るような美しいフォームで疾走するのが杉浦だった。野球でなくとも、どんなスポーツをやっても成功しただろう。

再び杉浦の素晴らしい肉体と運動能力を実感させられたのは1960年の日米野球でのことだった。私は移動の列車でたまたまサンフランシスコ・ジャイアンツのウィリー・メイズと隣の席に座る機会があった。興味本位でメイズの腕を触らせてもらったのだが、筋肉の張り具合、贅肉のなさが杉浦と同じなのだ。

メイズと言えば、走攻守三拍子揃ったメジャーリーグ史上屈指の万能選手である。あらためて杉浦の天分と努力を思った。

それほど才能に恵まれた杉浦も投手寿命は短かった。デビューから3年で96勝、7年で164勝まで勝ち星を伸ばしながら、その後は6年で23勝しかしていない。

酷使に原因があるのは明らかだ。あの時代、エースは連投も中一日の登板も当たり前だった。まして杉浦は監督から「行けるか」と言われれば、「無理です」とは絶対に言わないタイプだった。誰に対しても優しく、謙虚。もちろん、女性にも優しいから、おそろしくモテた。

杉浦の投手寿命を縮めたもう一つの理由がある。それはシンカーを覚えたことだ。同じサイドスローの皆川睦雄を見て、ストレートで押すのではなく、シンカー1球で打ち取る省エネピッチングをしたくなったのである。最初に相談を受けたとき、私は大反対した。

「真っすぐとカーブで打者を牛耳れるのに、どうして新しい変化球を覚える必要があるんや。やめとけ、やめとけ」

しかし、誘惑には勝てなかった。シンカーを覚えたばかりの頃はまだ良かったが、しだいに彼の持ち味であるホップするストレートが消えてしまった。投手が球種を増やすのは必ずしもプラスではなく、マイナスに作用することもある。その見極めは難しい。

【第二位—南海～ソフトバンクの歴代最強投手】

皆川睦雄

世界初のカットボールで30勝投手に変身

エースと呼ばれた杉浦忠に対し、投手陣の2番手、3番手の存在だったが、現役生活18年と息は長く、この間、8年連続を含む12度の2ケタ勝利を記録するなど毎年安定した成績を残した。シュート、シンカーに加え、小さなスライダーを習得することで投球の幅は広がり、1968年には31勝を記録。日本プロ野球界最後の30勝投手である。実働18年（1954～71年）、221勝139敗、防御率2・42、勝率・614。

球種を増やすことで持ち味を消してしまったのが杉浦だとすると、球種を一つ増やすことで急成長したのが皆川である。

皆川と私とは同期入団。2年間の二軍暮らしを経て、3年目から一軍に定着したのも同じだ。皆川はこの年、11勝を挙げるのだが、肩を壊し、柚木進コーチの勧めでオーバースローからサイドスローに転向する。その2年後に六大学野球のスターとして鳴り物入りで入団してきたのが杉浦である。杉浦も大学2年のとき、ノーコンを解消するためにサイドスローに転向しているから、プロとアマの違いはあるもののサイドスローのキャリアは似ている。年齢も同じだ。

しかし、投げるボールの質はまったく違った。ストレートとカーブだけで三振を奪う球威がある杉浦に対し、皆川のストレートは平凡である。むしろストレートは見せ球にして、カーブやシュート、シンカーで打者を打ち取る頭脳的なピッチングが身上だ。とくに右打者の攻め方には定評があった。シュートで右打者の胸元を突いて腰を引かせ、ゆるいカーブを外角に落として打ち取るのが得意のパターンである。しかし、左打者にはからっきし弱い。右のサイドスローは左打者からはボールの出どころが見やすい上、皆川には左打者の内角を攻める球種がなかったのだ。

サイドスローに転向後は先発とリリーフの両方をこなしながら、2ケタ勝利を8年連続でマークした皆川だったが、プロ11年目の1964年、7勝に終わる。やはり問題は左打者対策だ。この壁を乗り越えない限り、皆川は一流投手にはなれない。

二軍時代からバッテリーを組んできた私と皆川はお互い何でも言える仲だった。しかも、遠征先の旅館で同部屋になることが多く、自然と野球談義に花が咲いた。

「皆川よ、おまえ、左打者をどうにかせんと、これからどんどん苦しくなるぞ」

「どうしたらいいか、考えがあるなら教えてくれ」

「せっかくいいシュートを持っているんだから、それを生かす道を考えろよ。できればスライダーを覚えろ。それも曲がりの小さい、ストレートに近いボールがいい」

私は皆川を説得するために、ピッチングの基本が4つの相対性で成り立っていることから説明した。4つの相対性とは「高目と低目」「外角と内角」「ストライクとボール」「緩急」のことである。シュートを

サイドに近いアンダースローから繰り出す頭脳的なピッチングで、通算221勝を挙げた皆川睦雄。南海〜ソフトバンクを通じて球団の通算最多勝利投手（2014年現在）で、2011年には野球殿堂入りも果たした。（写真提供：共同通信社）

生かすということは「外角と内角」、つまりベースの両サイドを突いて攻めることである。私は皆川に右打者をシュートで詰まらせるように、左打者を曲がりの小さなスライダーで詰まらせるピッチングをさせたかった。

察しのいい読者はもうおわかりだろうが、私が皆川に説明した「曲がりの小さなスライダー」とは今で言うカットボールである。しかし、当時、そんな言葉はない。「曲がりの小さなスライダー」としか言いようがなかった。

私の提案を受け入れてくれた皆川は早速、私と新たな変化球の習得に乗り出した。キャンプのキャッチボールの段階から、二人で一球一球曲がり具合を確かめながら練習し、ようやくものになったと確信できるようになった。そして、絶好の試験日がやってきた。

オープン戦、後楽園球場での巨人戦だった。一死一、三塁、打席には王貞治。私はマウンドの皆川のところに行って耳打ちした。

「試してみるぞ。初球は外角のボール球。勝負は2球目だ」

会心の投球だった。あの王がどん詰まりのセカンドフライ。そのとき、皆川が嬉しそうにニタッとした表情は忘れられない。今思えば世界で初めてカットボールが誕生した瞬間だった。

これを機に皆川は苦手だった左打者をまったく苦にしなくなった。それどころか、張本勲をはじめとする左の強打者をお得意様にしたほどで、リードしている私も楽しかった。1968年には31勝を挙げ、プロ野球史上最後の30勝投手となった。通算221勝は杉浦を抜く球団記録である。

【第三位―南海～ソフトバンクの歴代最強投手】

ジョー・スタンカ

南海を日本一に導いたケンカ投法

メジャーリーグでの実績はホワイトソックス時代の1勝だけ。その才能は日本で花開き、1年目から先発で活躍した。1964年にはシーズン26勝、日本シリーズでも3勝（3完封）を挙げて外国人投手初のMVPを獲得。カッとしやすい性格でしばしば乱闘騒ぎも起こした。1965年に自宅で長男がガス事故死し、不幸を断ち切りたいと南海を去る。実働7年（［南海］1960～65年、［大洋］66年）、100勝72敗（うち南海で94勝）、防御率3・03、勝率・581。

ふだんは素晴らしいジェントルマン。心優しく、誰に対しても笑顔で接する。ところが、ひとたびマウンドに上がるとまるで別人だった。闘争心を前面に出すというより、ケンカ腰で打者に向かって投げてくる。まさにジキルとハイドだった。

しかも、冷静なときのピッチングはたいてい良くない。カッカしてくれたほうが、ボールは走るし、変化球も切れる。そんなタイプのピッチャーである。

球種はストレート、シュート、スライダー、チェンジアップ。たまにフォークボールのようなストンと落ちるボールも投げ、それが中指にマメをつくる原因にもなっていた。

球はそれほど速くないが、196センチの長身から投げ下ろされるため、ボールに角度があって、身長で劣る日本の打者には打ちづらい。カッカして赤くなったときの顔の怖さもある。その上、ビーンボールまがいの球も平気で投げるから、打席に立つときの恐怖心は相当なものがあったはずだ。ただし、コントロールがいいから、まず当たらない。

私が知る限り、打者を威嚇し、のけぞらせるボールを投げさせたら、スタンカがナンバーワンだろう。その意味ではプロである。26勝7敗で外国人初のシーズンMVPに輝いた1964年も、270イニング以上を投げて与死球は3つ。それも狙って当てたものではない。

この年は阪神との日本シリーズで第1、6、7戦に先発して空前絶後の3完封。他に頼りになる投手がなく、鶴岡一人監督もスタンカに無理を強いるしかなかった。その期待に応え、嫌な顔もせず連投したスタンカを鶴岡監督は「日本人の心を持っている」と褒めたものだ。

なお、スタンカというと、私は近鉄のチャック（本名チャールズ・エイブラハム）との1964年9月3日の乱闘劇を思い出す。190センチを超える大男2人の殴り合いに両軍選手もなかなか止めに入れなかった。外国人同士の乱闘はこれが初めて。きっかけはもちろんスタンカの内角球だった。

【第五位―南海～ソフトバンクの歴代最強投手】

山内新一

短所を長所に変え、天然スライダーで2度の20勝

巨人時代は4年間で14勝。しかも最後の1972年は4試合に投げ、勝ち星なしだったが、南海にトレードされると、外角のスライダーを決め球にいきなり20勝。1976年にも再び20勝を挙げる。80年代前半は山内和宏（通算97勝）、山内孝徳（通算100勝）と「山内トリオ」を形成し、話題になった。実働17年（[巨人]1969～72年、[南海]73～83年、[阪神]84～85年）、143勝142敗（うち南海で121勝）、防御率3・74、勝率・502。

私が兼任監督をしている頃の南海はどうしようもないくらい投手力が弱かった。そこで私が巨人の川上監督に泣きついたのが1972年のオフ。「多摩川には何億円分もの素材が眠っている」と言われた頃である。多摩川とは当時の巨人の二軍本拠地グラウンドのこと。厚い戦力を誇る巨人は二軍といえども他球団ならノドから手が出るような選手がゴロゴロいるというわけだ。

はからずも巨人サイドから「三塁手の富田勝がほしい」というトレードの要望があった。衰えの目立つ長嶋の後釜候補として考えたらしい。当初、私は富田のトレード相手として左腕の新浦《にうら》壽夫《ひさお》を指名した。まだ新浦が一軍に定着もしていない頃である。しかし間髪入れずに断られた。どうやら川上さん以下巨人

の首脳陣は新浦を将来のエース候補と考えていたようだ。替わりに巨人が提案してきたのが、リリーフを中心に過去4年で14勝を挙げていた山内新一だった。

「これじゃあ、うちの看板でもある富田とは釣り合いませんよ」

私の反論を受けて、巨人は松原明夫（後に福士《ふくし》敬章《ひろあき》）をプラスしてくれた。こうして2対1の交換トレードが実現した。

山内が南海にきた1973年のシーズン当初、私は巨人時代同様、リリーフで起用した。しかし、これがさっぱりダメ。本人に聞くと「連投がきかないから先発でやりたい」と言う。

私が山内を先発で起用する気になったのは、彼の希望に応えたからではない。彼の投げるボールに賭けてみるのも面白いと思ったからだ。外角低めにストレートを要求しても、山内が投げてくるボールは微妙にスライドするのである。いわゆる天然スライダーだ。スライダーを投げたくても、うまく投げられない投手もいるのに、彼の場合、勝手にボールがスライドしてくれる。これを武器にしない手はない。

その腕を見て、ストレートがスライダー回転する理由がわかった。故障のせいで右ヒジが「くの字」になっている。これではもう速いストレートは投げられない。にもかかわらず、ずっと好調時のイメージを追って快速球を投げようとしていたのである。

投手は三振を奪うことが仕事ではない。ゴロでもフライでも、アウトはアウト。要は点を与えないことが大事なのである。山内の球種とボールの威力を考えれば、外角の低めにボールを集めて、ゴロを打たせる投球が理想だった。それを手っ取り早くわからせ、速いストレートを投げることへの未練を断ち切るた

力投する山内新一。1972（昭和 47）年のオフ、三塁手の富田勝とのトレードで南海に移籍。野村再生工場で素質が開花し、ナチュラルに曲がる天然スライダーを武器に、2度の 20 勝以上を記録。南海のエースとして活躍した。（写真提供：毎日新聞社）

めに、私はある試合を山内のための実験台にした。

相手は太平洋クラブ（現・西武）。少々言い方は悪いが、荒っぽい打者が多く、創意工夫のない打線であるため、山内に自信をつけさせるにはちょうどいいと思ったのだ。彼に外角一辺倒の投球で何点取られるか試してみることを提案した。

「ホントにそんなことしていいんですか？」

「監督はオレだよ。オレが責任持つから、ミット目がけて投げてこい」

約束通り、最初から最後まで、スライダーとスピードのないストレートを外角に投げさせた。配球は外角のボールの出し入れだけ。これで完封してしまったのである。太平洋の打者は天然スライダーを引っかけて凡打の山を築き、三振はわずかに2つ。山内は初完封を素直に喜ぶべきなのに記者から三振が少ないことを指摘されて気にしている様子だったので、言ってやった。

「三振よりゴロを打たせるほうが球数も少なくてすむだろう。こんな楽なことはないぞ」

終わってみれば、この年の山内は20勝を挙げ、南海のリーグ優勝に大きく貢献した。その後も1976年に2度目の20勝。私の南海監督時代に最も勝った投手である。

なお、山内といっしょに巨人からきた松原も、南海で自信をつけ4年間で34勝を挙げた。

二人には意識改革のためにフリー打撃の際のキャッチャーをやらせた。これをやると、たとえバッティングピッチャーのボールでもいいコースに決まれば、一流打者でも打ち損じるのがよくわかる。つまり、コントロールの重要性を肌で知ってほしかったのである。

【第七位—南海～ソフトバンクの歴代最強投手】

江本孟紀

移籍をチャンスに、いきなりエースの活躍

1971年、ドラフト外で東映に入団し、2年目には野村監督に見出されて南海に移籍。いきなり16勝を挙げる活躍を見せ、翌1973年にはリーグ優勝に大きく貢献した。1976年、江夏豊とのトレードで阪神に移籍。エースとして活躍したが、「ベンチがアホやから……」の監督批判発言が新聞に掲載されると、責任を取って1981年限りで現役を退いた。実働11年（[東映]1971年、[南海]72～75年、[阪神]76～81年）、113勝126敗19S（うち南海で52勝）、防御率3・52、勝率・473。

江本については東映に入ったばかりの新人時代から注目していた。負けゲームの中継ぎで使われることがほとんどで、目立った成績は残していない。それどころか1勝もしていないのだが、ストレートにはかなり威力があった。背が高く、腕が長い。右打者の体に向かってくるようなスリークォーターのフォームにも嫌らしさがある。打者はタイミングがとりにくく、「これは先発で使ったら面白い」と思ったのだ。

こちらからトレードを申し込もうと考えていたら、東映のほうから話があった。田宮謙次郎監督が「キャッチャーの高橋博士がほしい」というのだ。高橋は私の控えでくすぶっていたから、東映に行った

ほうが間違いなく出番は増える。一方、東映からは内野手の佐野嘉幸《さのよしゆき》も付けてもらい、私にすれば渡りに船のトレード成立となった。

高橋は東映でレギュラーの座をつかみ、南海にきた江本、佐野も活躍。双方にとって実りあるトレードだったと思う。

江本は私の見立て通り、いきなり16勝を挙げ、エースの働きをしてくれた。

コントロールは悪い。四球も死球も多いタイプだ。しかし、そうしたイメージを逆にうまく利用し、カーブやフォークボールといった変化球で打ち取るコツを覚えた。南海で4年連続、阪神に移籍後も4年連続、都合8年連続2ケタ勝利を挙げている。巨人の王が江本を苦手にしたのも、いつぶつけられるかわからない怖さがあったからではないか。

昔から口が達者で、生意気だった。私が長髪禁止を言い渡すと、「野球は髪の毛の長い短いで上手い下手が決まるもんじゃない」と、すぐに反論してきた。こういう男は右を向けと言えば左を向く。右を向かせたければ、逆から攻めるしかない。私は江本のような天邪鬼を操縦することで、選手を指導し、組織をまとめることの難しさも楽しさも教えてもらった。

【第五章】

阪急～オリックスの歴代最強投手

球団名の変遷

- 阪急軍（1936年～1946年）
- 阪急ベアーズ（1947年）
- 阪急ブレーブス（1947年4月～1988年）
- オリックス・ブレーブス（1989年～1990年）
- オリックス・ブルーウェーブ（1991年～2004年）
- オリックス・バファローズ（2005年～）

2度の黄金期を支えた個性派投手たち

私がプロに入った頃のパ・リーグは南海と西鉄が二強で、ずっと下位に沈んでいた阪急は濃いグレーのユニフォームから「灰色のチーム」と揶揄された。この低迷期を支えたのが右の米田哲也、左の梶本隆夫の通称「ヨネカジ」コンビ。ともに球界を代表する速球派だった。

お荷物球団・阪急が初優勝を遂げるのは1967年、西本幸雄監督就任5年目のシーズン。長池徳二、スペンサーらの打撃陣も強力だったが、先の「ヨネカジ」にアンダースローの足立光宏、多彩な変化球を操る技巧派の石井茂雄を加えた投手陣も充実していた。

足立は20勝10敗、防御率1・75の活躍でMVPにも輝いた。ストレートとシンカーを武器に、1962年には1試合17奪三振という当時の日本記録を樹立している。日本シリーズにも強かった。この年、阪急は巨人と戦い2勝4敗で敗れたが、その2勝はいずれも足立によるもの。その後も9連覇の巨人相手にキラーぶりを発揮し、シリーズ通算9勝5敗（うち巨人戦で8勝4敗）の好成績を残した。

同じアンダースロー、しかもシンカーを投げる後輩の山田久志とはタイプが異なった。足立のシンカーが打者の手元でフッと沈む感じだとすると、山田のシンカーはもっと鋭く落ちた。

阪急は1967年から6年間で5回優勝。上田利治監督時代の1975年からは4年連続リーグ優勝、

3年連続日本一を達成する。その原動力が山田と山口高志。1980年代もAクラスの常連で、この頃の三本柱が山田、今井雄太郎、佐藤義則だ。

佐藤は私が「ぎっこんばったん投法」と呼んだ変則フォームに特徴があり、打者はタイミングが合わせにくい。制球力に欠けるが、使いべりしそうにないスタミナと、打たれてもあきらめない全力投球が取り柄。4点を大きく上回る防御率で21勝した1985年はそんな佐藤らしさがよく出たシーズンである。自ら「ヨシボール」と命名したフォークボールは、フォークというより抜いたカーブといったほうがいい変化球だった。

阪急時代に入団し、球団名がオリックスに変わってからも10年以上エースの座にいたのが、星野伸之である。120キロ台のストレートと90キロ台の超スローカーブ。球速差により遅いストレートを速く見せる類まれな技術があった。

その星野がいた1996年以来、優勝から遠ざかっているオリックスだが、近年、投手陣が整備されてきた。その柱が金子千尋だ。150キロを超えるストレート、カーブ、スライダー、カットボール、ツーシーム、チェンジアップと球種も多彩な上、それらのすべてのボールがカウント球にもウイニングショットにもなるほど精度が高い。制球力の良さを含め、今のプロ野球界にあって最も完成された投手の一人だ。願わくば故障しないこと。規定投球回数に達したのが、プロ8年間で5回という点がメジャーに行ったダルビッシュ有や田中将大に劣る。

野村が選ぶ「阪急〜オリックスの歴代投手ベスト10」

1 山田久志 実働20年（1969〜88年）
通 284勝166敗43S 防 3.18 勝 .631
12年連続開幕投手を務めるなど、一時代を築いた阪急の大エース。美しい下手投げのフォームとその実力から「史上最高のサブマリン投手」とも称される。

2 梶本隆夫 実働20年（1954〜73年）
通 254勝255敗 防 2.98 勝 .499
金田正一と並び称された本格派左腕。快速球で奪った三振2945は歴代6位。

3 山口高志 実働8年（1975〜82年）
通 50勝43敗44S 防 3.18 勝 .538
唸りをあげる豪速球は史上最速の呼び声。腰の故障により、選手生命は短かった。

4 米田哲也 実働22年（阪急1956〜75年途中、阪神75〜76年、近鉄77年）
通 350勝285敗2S 防 2.91 勝 .551
19年連続2ケタ勝利など阪急で328勝。無類のスタミナからガソリンタンクの異名も。

5 足立光宏 実働21年（1959〜1979年）
通 187勝153敗3S 防 2.91 勝 .550
阪急黄金期の下手投げ投手。巨人戦に強く、日本シリーズでは対巨人8勝を挙げた。

6 金子千尋 実働8年（2006年〜）
通 74勝43敗5S 防 2.82 勝 .632
キレのある直球、多彩な変化球を操る完成度の高い投手。不安材料はケガの多さか。

7 今井雄太郎 実働21年（阪急・オリックス1971〜90年、ダイエー91年）
通 130勝112敗10S 防 4.28 勝 .537
78年には完全試合も達成した「酒仙投手」。阪急・オリックスで129勝を挙げた。

8 佐藤義則 実働21年（1977〜80年、82〜98年）
通 165勝137敗48S 防 3.97 勝 .546
ノビのある直球とヨシボールを武器に、オリックスのエースとして長年活躍。

9 星野伸之 実働18年（阪急・オリックス1985〜99年、阪神00〜02年）
通 176勝140敗2S 防 3.64 勝 .557
120キロ台の直球と90キロ台のスローカーブで、阪急・オリックス時代に168勝。

10 石井茂雄 実働22年（阪急1958〜72年、太平洋・クラウン73〜78年、巨人79年）
通 189勝185敗3S 防 3.46 勝 .505
60年代の阪急黄金時代に梶本、米田、足立とともに強力投手陣を形成。阪急で143勝。

【第一位―阪急〜オリックスの歴代最強投手】

山田久志

投手の総合力を備えた頭脳派サブマリン

2年目に10勝をマークして以降、17年連続2ケタ勝利。26勝を挙げて最多勝となった1976年からは3年連続MVPを受賞するなど、リーグ4連覇、日本一3連覇の原動力に。12年連続開幕投手（8勝2敗）の日本記録を持ち、オールスターゲームでは14試合に登板し7勝0敗。通算284勝はアンダースロー投手としては史上最多である。実働20年（1969〜88年）、284勝166敗43S、防御率3・18、勝率・631。

山田を語る上でマスコミが必ず持ち出すのが、1971年の阪急対巨人の日本シリーズである。1勝1敗で迎えた第3戦、山田は8回まで2安打無失点とほぼ完璧な投球を見せていた。9回裏も一死後、柴田勲を四球で歩かせるが、次の打者を打ち取り、勝利まであと一人。しかし、続く長嶋の緩いゴロはショートが逆をつかれ、センター前ヒット。一、三塁となった。

ここで迎えたのが王。王はシーズン中に長いスランプに陥り、ホームランの数は8年続いた40本が途切れ、打率も2割7分台。日本シリーズに入っても調子は上がらず、この試合も山田の前に三振、サードフライ、ショートゴロと、まったくタイミングが合ってなかった。山田自身、打たれる気がしなかったはずだ。しかし、山田がカウント1‐1から自信を持って投じた内角のストレートは王に見事に打ち返され、ライトスタンドに飛び込む逆転3ランとなった。山田は「あの一発の悔しさがあったから、その後の自分がある」と語っている。確かにそうなのだろう。それくらい衝撃的な一発だし、1球の怖さを知るに十分な経験だったと思う。ここでシリーズの潮目は一気に変わり、阪急は1勝4敗で敗れた。

しかし、僭越ながら言わせてもらえば、私は山田の本当の意味での成長は「野村克也との勝負」を糧とすることにあったと思っている。彼もこんなことを語ってくれた。

「ノムさんと門田博光選手がいた頃の南海と対戦するときは投げていてスリルがありましたよ。ノムさんとは知恵比べ、門田選手とは力の勝負。ノムさんとの駆け引きを通して、僕もずいぶん成長させてもらいました」

デビュー後しばらくはストレートとカーブしかない投手だった。アンダースローにしては球威もあり、コントロールも良かった。しかし、癖を読みやすいため、私はカモにしていた。山田から初めてホームランを打ったのも私である。

山田との駆け引きが始まったのは、彼がシンカーを完全にマスターし、26勝7敗で最初のMVPを獲得した1976年からだ。チームメイトの同じアンダースロー投手、足立光宏を手本にシンカーをマスターしたのはそれまで通用していたストレートが痛打されるようになったからだろう。前年の36被本塁打はリーグワーストだし、防御率も4点台に下がっている。

とはいえ、球種はストレート、カーブ、シンカーの三つしかない。そして、シンカーを投げるようになっ

1986年3月15日、阪神 - 阪急のオープン戦で力投する山田久志。山田はアンダースロー投手としては日本プロ野球最多の通算284勝を記録、「史上最高のサブマリン投手」と称される。（写真提供：朝日新聞社）

てからも山田の配球の組み立てはストレート中心だった。ストレートの走りを基準にしてコンビネーションをガラッと変えてくるのである。たとえば、南海戦なら門田に対し内角高めのストレートを投げ、それで空振りかポップフライに仕留められるかどうかで、その日の調子を判断していたらしい。

だから、前回の対戦データは通用しない。その日の試合に限っても、前半と後半でもまったく違う組み立てをしてくる。つまり、山田は感性が優れているのだ。人より多く感じる力があるから、3つの球種のコンビネーションを自在に変え、打者を打ち取ることができた。

結論から言うと、決定的な山田攻略法は見つからなかった。「初球はストレートが多い」、「カーブは2球続けない」、「ストレートは3球続けない」といった傾向はあったが、これで大丈夫だと言えるようなデータではなかった。こういう頭脳派投手は相手がいい打者になればなるほど、お互いに勝負の駆け引きを楽しめる。落合博満と名勝負を繰り広げたのもよくわかる。

ダイヤモンドグラブ賞（現・ゴールデングラブ賞）5回の実績が示すように守備も良かった。クイックモーションやけん制もうまい。投手の総合力に優れ、それが通算284勝につながった。

3年連続MVP、12年連続開幕投手（8勝2敗）などエースとしての勲章は多く、通算100勝、150勝、200勝、250勝と、節目の勝利を完投で飾っているところにも彼の意地とプライドを感じさせる。ラストゲームは翌年からオリックスとなる阪急にとって最後の試合であり、山田は完投勝利を飾っている。1988年のことだ。上半身を折り畳んで、グッと沈み込んでいく流れるように美しいフォームはこれが見納めとなった。

【第二位―阪急～オリックスの歴代最強投手】

梶本隆夫

飄々と快速球を投げた長身サウスポー

１９５０年代の本格派サウスポーと言えば、セの金田、パの梶本だった。新人の年にいきなり20勝を挙げると、９年連続２ケタ勝利、４年連続２００奪三振（３００奪三振が２度）。９者連続奪三振の日本記録保持者でもあり、通算２９４５奪三振は歴代６位。速球が衰えた30歳以降はパームボールに活路を見出し、１９６７年のチーム初優勝に貢献した。実働20年（１９５４～７３年）、２５４勝２５５敗、防御率２・９８、勝率・４９９。

年齢は私と同じだが、プロ入り即、一軍で大活躍したところはまったく違う。何しろ高卒ルーキーでいきなり開幕試合の先発を任されたのである。高橋ユニオンズを相手に5対3で勝ち、見事にプロ初勝利を挙げた。

当時の西村正夫監督にはルーキーの開幕戦登板は奇策でも何でもなかったようだ。チームで一番ボールに力があったから梶本を使ったに過ぎなかったらしい。

実際、梶本のストレートは速かった。私が梶本と対戦するのは3年後のことだが、スピードは同じサウスポーの金田正一さんに匹敵する。ブレーキが鋭く、曲がりの大きなカーブも絶品。初めて梶本の投球を見たときは「こんなボール、どないして打つんや。ホントにオレと同い年なんか」と思ったものだ。それほどレベルの高い本格派投手だった。

1年目はストレートとカーブだけで20勝12敗、防御率2・73の成績を残したが、新人王は26勝9敗、防御率1・58の南海・宅和本司に譲っている。高卒1年目の新人がこれだけハイレベルの新人王争いをしたシーズンもあまり記憶にない。20勝を挙げながら、新人王を獲得できなかったのは梶本だけだそうだ。

しかし、宅和は2年で野球人生をほぼ終えてしまったが、梶本は2年目以降も順調に勝ち星を稼いでいった。2年目に18勝、3年目に28勝、4年目に24勝。3、4年目は奪三振も300を超えている。4年目の1957年には9連続奪三振の日本記録も樹立（翌年、土橋正幸もタイ記録を達成）。相手は南海であり、屈辱を味わった9人のなかには私も入っている。試合も阪急の延長12回サヨナラ勝ちだった。

順調だった野球人生に陰りが見えたのは2ケタ勝利が途切れた1963年から。1966年には日本記録となるシーズン15連敗も記録している。この頃はリリーフだけでなく、敗戦処理も厭わなかった。バッティングを買われて一塁や外野を守ったこともある。しかし、阪急が初のリーグ優勝に輝いた翌1967年には15勝を挙げて復活。精神力の強さを感じさせる。

10年目にはパームボールを覚え、その後はフォークボールも使いこなし、最晩年はナックルにも取り組んだ。この努力と丈夫な体が20年の現役生活を支えたと言っていい。

通算254勝255敗と一つ負け越している。200勝以上していて、負け越している唯一の投手だが、先の15連敗が大きく響いたのと、梶本が活躍した時期の大半は弱い阪急、貧打の阪急だったからでもある。

1967年10月10日の阪急‐西鉄27回戦。8回表・西鉄2死1塁、伊藤幸四郎から通算2500個目の三振を奪う梶本隆夫。通算2500奪三振は、当時、金田正一、小山正明に次いでプロ野球3人目。梶本が引退までに奪った三振は2945。2014年10月現在、金田正一、米田哲也、小山正明、鈴木啓示、江夏豊についで第6位の記録である。
（写真提供：共同通信社）

身長は金田さんより2センチ高い186センチ。当時としてはかなりの大型サウスポーで、パ・リーグにはあまりいないタイプだった。ただ、金田さんがゆったりした独特のリズムを持ったオーバースローなのに対し、梶本はオーソドックスなスリークォーター。

性格も金田さんとは対照的だった。わがままで唯我独尊を地で行く金田さんに対し、梶本は温厚で、誰に対しても笑顔で接した。およそピッチャーらしからぬ仏様のような人である。金田さんと同じB型なのはちょっと信じがたいが、周囲に影響されることなく、マイペースを貫けるところは似ているかもしれない。

マウンド上でカッカしたり、ムキになって投げることもなく、いつも飄々と、涼しい顔をして投げていた。抑えても、打たれても変わらない。その表情はポーカーフェイスというより、大好きな野球を心底楽しんでいるふうにも見えた。

聞くところによると、プロ入りに際しては中日、巨人からは阪急より数倍高い契約金での誘いがあったようだ。それでも阪急を選んだのは「高校の先輩投手、柴田英治さんがいたから」。いかにも梶本らしい。

新人王を逃して以来、とうとう最後まで最多勝や防御率などの投手タイトルとは無縁だった。そのあたりも、何事も欲張らない梶本らしい。

【第三位―阪急〜オリックスの歴代最強投手】

山口高志

太く、短く駆け抜けた史上最速の男

大学、社会人時代から剛速球で鳴らし、プロ入り後もストレート一本のピッチングを押し通した。新人だった1975年、広島との日本シリーズでも強気の投球でチームを日本一に導いた。最前線で活躍したのはわずか4シーズン。獲得したタイトルは新人王と最優秀救援投手（1978年）のみだが、史上最速と謳われた剛球伝説は今も語り継がれる。実働8年（1975〜82年）、50勝43敗44S、防御率3・18、勝率・538。

プロ野球史上、最も速いストレートを投げたのは誰なのか。今も昔も野球ファンがよく話題にするテーマである。

私も現役時代から数多くの速球派投手を見てきた。金田正一さん、梶本隆夫、尾崎行雄、江夏豊、村田兆治、江川卓、伊良部秀輝、野茂英雄……。最近なら、真っすぐだけで打者に向かっていった全盛時の藤川球児、あるいはスピードガンで160キロを計測した大谷翔平。時代が違うし、私も現役時代と、現役を退いてからでは感覚が違うため、簡単には比べられないのだが、それでも一番速かったのは阪急の山口高志だと思っている。

とにかく速かった。当時、ロッテの監督をしていた金田さんも「残念だが、うちの村田よりはるかに速い」と認めていたし、阪急のキャッチャー、河村健一郎は「受けていて怖いと思ったピッチャーはタカシが初めて」と言っている。エース山田久志に至っては「タカシのストレートは終速が150キロだよ」。私も同感だ。もし、あの時代にスピードガンがあれば、160キロはゆうに出ていたのではないか。

山口が阪急に入ってきた1975年、私はプロ22年目の40歳だった。

さすがに動体視力は衰えていたと思うが、それでもこの年、28本塁打、92打点の成績を残している。自分としては速いボールに振り遅れるようになったら、それは引退が近い証拠だという意識もあり、山口のボールにもなんとしてでも食らいつこうと、バットをふた握り余して持つこともした。しかし、やはり打てなかった。

投球の9割はストレートである。本人はプロ入り当初は速球だけでは通用しないと考えていたらしい。たいして曲がりもしないカーブを投げて痛打されるうちに、ストレートの割合はどんどん増えていった。要するに、山口には配球などいらないのだ。逆に打者はストレートしか来ないと思って打席に立てばいい。それでも調子のいいときの山口は打てなかった。

私はこの年の阪急対広島の日本シリーズでゲスト解説をした試合があった。

「さすがに、そろそろ変化球でしょう」

そんな予想をしても、山口はずっとストレートを投げ続ける。ストレート一本のピッチングに広島打線は沈黙し、あの山本浩二、衣笠祥雄《きぬがささちお》もきりきり舞い。山口にとってはこの時期がプロに入ってから一番速

日本プロ野球史上、最速投手のひとりに挙げられる山口高志。全盛期の投球はほぼストレート一本。しかし、くるとわかっていても打てなかった。（写真提供：朝日新聞社）

かったのではないだろうか。

記録を見ると、第1戦は足立光宏をリリーフして、3回3分の2を無失点。第3戦は先発して完投勝利。第4戦は3番手で登場し7回1失点。第5戦は1回無失点で初セーブ。第6戦は3番手で4回を投げ、1失点で2セーブ目。6試合中5試合に登板し、1勝2セーブ、防御率2・16でシリーズMVPに輝いた。合計21奪三振（投球回数24イニング3分の2）は6試合を戦ったシリーズの最高記録である。

山口の現役生活は8年。本当に活躍したと言えるのは4年しかなく、通算成績は50勝43敗44セーブ、防御率3・18。とくに目を引く数字ではない。あれだけの真っすぐがありながら、最も勝ったシーズンでさえ13勝しか挙げられなかった原因は制球力のなさにあった。

規定投球回数に達したシーズンが3度あり、うち2度はリーグの与四球王。おおざっぱなコントロールで投げても、打者がスピードに幻惑されて振ってくれるので、コントロールを必要としなかったのだろう。地肩の強さだけで投げていたのである。ストレートが走っているときはいいが、走りが悪いと、四球絡みで失点した。

しかも下位の打者だからと言って力を抜くような器用さを持ち併せておらず、すべての打者に全力投球。170センチの小さな体を使い、バレーボールのスパイクでも打つかのようなフォームで、腕を真上から叩きつけていた。ウソかホントか知らないが、指を地面について突き指をしたこともあるらしい。こんな投げ方をいつまでも続けられるわけがない。しかもストレートを生かすための変化球を習得することもなかった。

なお、山口の身長が低いことは彼のピッチングにプラスした。剛速球が低い位置から飛び出してくるので、打者は高めのボールでもついバットが出てしまうのである。

引退の引き金となったのはバッティング練習。1978年のヤクルトとの日本シリーズ直前、指名打者制のない試合に備え、バットを振っていて腰を痛めたと聞く。翌年から満足な成績を残していない。

メジャーリーガーも認めたボールの速さ

山口は高校時代に春夏連続で甲子園に出場しているが、それほど注目はされていない。大学に進んでから、その活躍がプロの関係者の間でも大きな話題になった。

関西大学を7度の優勝に導き、通算64試合に投げて、46勝11敗（うち完封が19試合）、防御率0・92、497奪三振。リーグ戦21連勝、68イニング連続無失点、6試合連続完封といった記録もあり、ほとんどが今もリーグ記録として残っている。

さらに山口の評価を決定的なものにしたのが1972年の第1回日米大学野球選手権だ。日本が4勝3敗でアメリカを破っているのだが、4勝のうち3勝は山口の完投で勝ったもの。3勝3敗で迎えた第7戦は1安打完封勝利だった。その1安打を放ったのは、後にメジャーリーグ史上初めて新人王とMVPをダブル受賞（後にイチローも受賞）したフレッド・リンだった。リン自身が山口のストレートの速さはメジャークラスと語っているから、相当速かったに違いない。

プロに進む気はなかったようで、ヤクルトがドラフト4位で強行指名したが、これを拒否して社会人に進んだ。これが本人にとって良かったのか……。私は回り道だったような気がする。もちろん、社会人でも別格の投球をし、33イニング連続無失点といった記録を残している。

1974年のドラフト会議はプロ入りを表明した山口が目玉選手だった。ここで山口は阪急に1位指名される。当時のドラフト会議は予備抽選により選択指名順を決める方式で、一番クジを引いたのは近鉄だった。しかし、近鉄は山口を指名しなかった。

契約金が高くなりそうだというのが理由だったらしいが、皮肉なことに翌シーズン、近鉄は山口の剛速球の前に屈することになる。前期優勝の阪急と後期優勝の近鉄が戦ったプレーオフで山口は2試合に完投勝利し、阪急が3勝1敗で近鉄を下した。

近鉄の西本幸雄監督が山口を攻略するため、ベンチ前で円陣を組んで「山口の初球には絶対に手を出すな。データ的にはほとんどボールだから、必ず見送れ！」と指示を出したことがあった。にもかかわらず羽田耕一が初球の高目ストレートを空振りし、凡退。ベンチに戻った羽田に西本監督の鉄拳が飛んだ。この話にはオチがあり、実は羽田はその回の先頭打者だったため、円陣には加わっていなかったのである。

いずれにしても、各球団とも山口には手を焼いた。当時「打倒阪急」とは「打倒山口」にほかならなかった。

【第四位―阪急～オリックスの歴代最強投手】

米田哲也

「ガソリンタンク」と呼ばれた無類のタフガイ

阪神との間で二重契約問題が生じるほど熾烈な争奪戦が繰り広げられた末、阪急に入団。頑丈な体とスタミナから愛称は「ガソリンタンク」。22年間で築いた949試合登板、19年連続2ケタ勝利はともに歴代1位。1961年には巨人・王とのトレードが画策されたことも。登板機会が減った晩年は出番を求め、阪神、近鉄に移って投げ続け、通算350勝。実働22年（［阪急］1956～75年途中、［阪神］75～76年、［近鉄］77年）、350勝285敗2S（うち阪急で328勝）、防御率2・91、勝率・551。

「無事これ名馬」という言葉がピッタリのエースだ。ケガらしいケガをすることなく、22年間投げ続けた。積み重ねた勝ち星は350に及び、これは金田さんに次いで史上2位だが、通算949試合登板、うち626試合に先発登板という数字はともに史上1位。19年連続2ケタ勝利という記録も金田さんの15年連続をしのぐ日本記録である。

疲れ知らずのスタミナと酒豪であったことから「ガソリンタンク」の異名をとった。

故障知らずだったのは投げ方が理にかなっていたからだと思う。キャッチボールの延長戦のような無駄のないスリークォーターのフォームから、テンポよくボールを投げた。

ストレートは手元で伸びるようなボールだったと記憶する。しばしば球質が重い、軽いという表現でストレートを表現するが、私にはこれがあまりわからない。ストレートは速いか、遅いか、そのどちらかで明確に判断すべきではないか。軽い、重いは曖昧にすぎる。

米田のストレートは文句なしに速かった。左の梶本も速いが、右の米田も負けずと速い。ともに当時のパ・リーグで1、2を争うスピードで、このストレートの勢いがあるうちは、変化球はカーブがあれば十分だ。米田がヨネボールと呼ばれたフォークボールを投げるようになったのは、ストレートが衰えた晩年である。

2人は「ヨネカジ」と呼ばれ、長らくBクラスが指定席だった時代の阪急を支えた。揃って阪急に在籍した1956年から1973年までの18年間に541勝（496敗）。1957年には2人で45勝（米田21勝、梶本24勝）を挙げ、チーム勝利の6割以上を占めた。

バッティングにも非凡なものを見せ、通算33本塁打は金田さんの35本に次いで投手史上2位。驚くべきは初登板で満塁ホームランを放ち、完投勝利を記録していることだ。さらに、あの稲尾和久からサヨナラ本塁打も打っている。

【第七位―阪急～オリックスの歴代最強投手】

今井雄太郎

弱気をアルコールで克服し、完全試合達成

「酒仙投手」の異名は、極度のあがり症を克服するため、酒を飲んでマウンドに上がったところ別人のような好投を見せたという逸話に由来する。史上14人目の完全試合を達成した1978年、初の2ケタ勝利を記録。1981年に19勝で村田兆治とともに最多勝、1984年は21勝を挙げ、防御率2・93で最多勝と最優秀防御率のタイトルを獲得した。実働21年（［阪急］1971～90年、［ダイエー］91年）、130勝112敗10S（うち阪急で129勝）、防御率4・28、勝率・537。

よく言えば、人がいい。厳しく言えば、気が弱い。およそ投手には不向きな性格だったのが、今井雄太郎である。この弱点をアルコールで克服したところがユニークといえばユニーク。

登板前にビールを飲み、その勢いでマウンドに立つと好結果を残したという話は球界でもよく知られていたが、私は半信半疑だった。解説者時代に本人に確認し、これが事実だと知って驚いた。どうやら酒気帯び登板は数回あるらしく、最初の相手は私の南海だった。

1978年5月4日、投手コーチの梶本に「最後の先発のチャンスだから、飲め」と無理矢理ビールを

1杯飲まされてマウンドに上がると、7回3分の1を投げ1失点。シーズン初勝利を飾った。投げている間は胸が苦しかったらしいが、これで自信をつけたのは間違いない。この年、今井はプロ初の2ケタ勝利（13勝4敗）を挙げ、8月には完全試合まで達成している。この試合でも酒気帯び状態で投げていたかどうかは定かでない。

もともとブルペンではエースの山田をしのぐような素晴らしいボールを投げていたようだ。ところが、ゲームに使うとその面影はない。いわゆるブルペン横綱である。

プロ入り後6年間で6勝8敗。しかし飲酒登板をした29歳の年から8年で105勝74敗。今井のようなノミの心臓だと、怖い先輩、うるさい先輩がいるうちは本来の力を出しづらい面もあったと思う。頭のつかえがとれるに従い、成績も伸びた。こういうタイプはどんな組織にもいる。

私が対戦した印象はシュート、スライダーを武器とするクセ球投手。壊れた機械人形のようなギクシャクしたフォームで、制球力がないから死球も多かった。しかし、今井の死球は大歓迎だった。なぜなら、一度当てると、その後は内角の厳しいボールが来なくなるからだ。

そうした気の弱さが影をひそめたのは、私が引退（1980年）して以後のこと。1981年には19勝15敗、1984年には21勝9敗で最多勝の栄誉に輝いている。

【第六章】

東映～日本ハムの歴代最強投手

球団名の変遷

- セネタース（1946年）
- 東急フライヤーズ（1947年）
- 急映フライヤーズ（1948年）
- 東急フライヤーズ（1949年～1953年）
- 東映フライヤーズ（1954年～1972年）
- 日拓ホームフライヤーズ（1973年）
- 日本ハムファイターズ（1974年～2003年）
- 北海道日本ハムファイターズ（2004年～）

強力投手陣が牽引した21世紀4度の優勝

東急、東映の時代から日本ハムの時代まで、12球団で名球会入り投手がいない唯一のチームである。通算勝利が最も多いのが土橋正幸の162勝。この土橋を中心に、尾崎行雄、安藤元博、久保田治と4人の2ケタ勝利投手が出た1962年に初優勝を飾った。

この年の新人王が安藤、防御率1位となったのが久保田である。安藤は早大時代、慶応との6連戦で5試合完投、4連投で全国に名を知られた下手投げ投手。阪神との日本シリーズでも2勝を挙げている。久保田もサイドスロー投手で、スライダー、シュートを武器に1961年から3年間で56勝28敗。引退後は審判になった。

優勝から遠ざかった1970年代にエースだったのが金田正一さんの実弟・金田留弘とサイドスローの高橋直樹だ。金田留弘は兄同様にストレートと鋭いカーブを武器に2度の20勝投手となっている。高橋は江夏とのトレードで広島に移籍するまで、在籍12年で138勝。1979年の20勝をはじめ2ケタ勝利が7度ある。ゆっくりしたテークバックのフォームに特徴があり、握り（球種）は丸見え。それでも抑えられたのはストレートに力がある上、2種類のカーブを駆使して打者に的を絞らせなかったからだ。

江夏が加入した1981年、日本ハムとなって初の優勝。エースらしいエースは不在だったが、間柴茂有が「投げれば勝つ」の快進撃でシーズン負けなしの15連勝（田中将大に破られるまでの日本記録）の活躍を見せた。左腕であること以外、いたって地味な投手で、打者を圧倒する球速も変化球もない。唯一見るべきボールが右打者の膝元に食い込む真っスラ。カットボールに近い曲がりで、右の強打者を苦しめた。あとは運。先発でＫＯされても味方が追いついたり、逆転したりで負けがつかずにシーズンを終えた。こういう投手がいるとき、チームは強い。

１９８０年代後半からは西崎幸広、柴田保光、河野博文らが活躍したものの、悲願の日本一は北海道移転後の２００６年まで待たなければならなかった。チームのドラフト戦略が実り、ダルビッシュ有、武田勝、八木智哉、武田久、吉川光夫、増井浩俊らを育てながら、２００７年、２００９年、２０１２年にもリーグ優勝を遂げている。

ダルビッシュという絶対エースの影で、いぶし銀の働きをしてきたのが武田勝だ。私の社会人野球シダックス時代の教え子で、両腕を胸から離した独特のセットポジションから投球する技巧派投手の典型。彼の１３０キロそこそこのストレートがなぜ打てないのか。決め球のチェンジアップの精度が極めて高く、１３０キロを１５０キロにも感じさせられるからだ。制球力もいい。14勝7敗と最も勝った２０１１年は与四球わずかに19（1試合あたり約1個）。ピッチングがスピードだけではないことをあらためて教えてくれる投手である。

野村が選ぶ「東映～日本ハムの歴代投手ベスト10」

1 ダルビッシュ有
実働7年（2005～11年）
通 93勝38敗 防 1.99 勝 .710
本格派と技巧派の両面を兼ね備えた未来型のエース。07年から11年まで5年連続防御率1点台は日本球界記録。現在はテキサス・レンジャーズのエースとして活躍。

2 土橋正幸
実働12年（1956～67年）
通 162勝135敗 防 2.66 勝 .545
テンポのよい「江戸っ子投法」で人気を博す。抜群のコントロールも持ち味だった。

3 尾崎行雄
実働12年（1962～73年）
通 107勝83敗 防 2.70 勝 .563
球史に名を残す剛球投手。プロ入り6年で100勝を挙げるも、ピークは短かった。

4 高橋直樹
実働18年（日本ハム、広島など。東映～日ハムには69～80年に在籍）
通 169勝158敗13S 防 3.32 勝 .517
東映～日ハム時代に138勝。土橋より背番号「21」を引き継ぎ、エースとして活躍。

5 木田 勇
実働11年（日本ハム1980～85年、大洋86～89年、中日90年）
通 60勝71敗6S 防 4.23 勝 .458
1年目に22勝を挙げる活躍。2年目以降はケガなどに苦しんだ。日ハム時代に50勝。

6 西崎幸広
実働15年（日本ハム1987～97年、西武98～01年）
通 127勝102敗22S 防 3.25 勝 .555
80年代後半の日本ハムを牽引したトレンディーエース。日ハム時代に117勝。

7 金田留弘
実働13年（東映・日拓1969～73年、ロッテ74～78年、広島79～81年）
通 128勝109敗2S 防 3.25 勝 .540
東映時代に5年で84勝。74年に実兄・金田正一監督のロッテに移籍。最多勝に輝く。

8 大谷翔平
実働1年（2013年～）
通 3勝0敗 防 4.23 勝 1.00
投打に高い潜在能力を秘めた、逸材。プロ野球の歴史を変える可能性も……。

9 久保田治
実働12年（東映1955～65年、巨人66年）
通 80勝58敗 防 2.83 勝 .580
土橋と並ぶ二枚看板として活躍。東映時代に79勝。引退後はセ・リーグの審判員に。

10 安藤元博
実働3年（東映1962～63年、巨人65年）
通 17勝16敗 防 2.93 勝 .515
入団初年に13勝で球団初の日本一に貢献。2年目から調子を落とし、3年で引退した。

【第一位―東映～日本ハムの歴代最強投手】

ダルビッシュ有

本格派にして技巧派、21世紀最高の投手

プロ2年目から6年連続2ケタ勝利、3年目から日本史上初の5年連続防御率1点台をマーク。150キロを超えるストレートを軸に豊富な変化球を操り、21世紀最高の日本人投手とも言われる。2012年からはレンジャーズに移籍し、エースとして活躍。翌年のサイ・ヤング賞投票では2位に選出されるなど、すでにメジャーを代表する投手の一人。実働7年（2005～11年）、93勝38敗、防御率1・99、勝率・710。

私が楽天監督に就任した2006年、ダルビッシュはプロ2年目だった。まだ手も足も出ないという投手ではなかった。「真のエースになった」と思わされたのはその翌年からだ。21歳なのに、打者を見下ろして投げる姿からはエースの風格が感じられた。

2007年から史上初となる5年連続防御率1点台をマークすると、2011年オフには「純粋にすごい勝負がしたい」と言ってメジャー行きを表明。本当に彼が日本で勝負できる打者がいなくなったのだとしたら、寂しい限りだが、アメリカに行っても年々成長し、今やメジャーを代表するエースである。

ダルビッシュが過去の日本のエースと決定的に違うのは、150キロ台後半のストレートがありなが

ら、技巧派投手でもあることだ。とにかく変化球が多彩である。

スライダー、カーブ、ツーシーム、カットボール、スプリット、チェンジアップ。まさに七色の魔球とも言うべきで、そのすべてが一級品。どのボールでも、どのカウントからでもストライクを投げられる技術を持っている。しかも、これは良い変化球の条件でもあるのだが、曲がりが遅い。より打者の近くで変化するから、打者の対応が難しくなる。これほど精度の高い変化球を投げ分けられるのは努力もあるが、よほど指先の感覚が優れているに違いない。

本人も昔から「自分は変化球投手」と公言しているようだ。しかし、ダルビッシュはストレート主体の本格派として試合をつくることもあり、打者からすると、そのピッチングはなかなか一筋縄ではいかない。おそらく打者の力量や反応などを考察しながら、「緩急」、「高低」、「内と外」を駆使して臨機応変なピッチングをしたいのだろう。

ダルビッシュの場合、ストレートも140〜150キロ台後半までの幅で球速を自在に変えており、その意味では彼にとっては変化球の一種かもしれない。あるいは、150キロ台後半のストレートを見せ球に、90キロを切るようなカーブで打ち取るような老獪な投球もする。こんな投手は今のメジャーにもダルビッシュ以外にいないはずだ。

投球フォームは日本にいる頃から微妙に変化してきた。しかし、196センチの長身をあますところなく生かし、下半身主導でボールに力を伝える投げ方であるのは一貫している。現在は走者のいない場面でもセットポジション、それも軸足をやや折った構えから投げているが、メジャーの硬く、傾斜の急なマウ

150キロを超えるストレート、そしてスライダー、カーブなど〝7色の変化球〟を操るダルビッシュ。本格派と技巧派の両面の顔を持つ新時代のエースだ。(写真提供:共同通信社)

ンドに適応するためのものに違いない。

成績だけ比較すると、メジャーに行って防御率が落ちて、奪三振が増えた。奪三振が増えたのはそれだけメジャーの打者が三振を恐れず、2ストライクからでも振り回してくるからだ。そのかわり当たればパワーがある分、長打を食らう確率も高く、防御率は悪くなる。しかし、これも改善傾向にあり、日本時代がそうであったように課題を一つ一つ克服しながら、進化を遂げている。総合的に判断して、まだまだ田中将大より能力は一段上。近い将来、間違いなくサイ・ヤング賞を獲得すると思う。

私が楽天監督時代にダルビッシュを攻略し、「勝てた」と実感できたことは1度しかない。コーチ陣が、前年にダルビッシュを最も打っていたロッテ打線のビデオを仔細に分析し、一つの結論を得たのである。「ホームベースを3等分し、内側の3分の1は完全に捨てる。外角のストライクとボールを見極めて、右方向に打ち返す」

これを徹底させて立ち上がりに3点を奪い、岩隈久志の6回1失点の好投で逃げ切った。

逆に右打者に内角のツーシームを徹底的に狙うよう指示を出したこともあったが、このときはダルビッシュにその意図を早々に察知されてしまった。そうなれば、彼のことだから、こちらの内角狙いを逆手に取ったピッチングをしてくる。

要するに、ダルビッシュには危機を素早く察知し、それを未然に回避する野球頭脳と感性が備わっているのだ。状況に応じて本格派にも技巧派にも変身できる器用さを含め、当時、私はダルビッシュを「近未来型エース」と名づけた。

【第二位―東映～日本ハムの歴代最強投手】

土橋正幸

ちゃきちゃきの江戸っ子投法で一世を風靡

1試合の奪三振記録は長らく沢村栄治の15だった。金田正一もタイ記録止まり。これを21年ぶりに破る16奪三振（現在は野田浩司の19）と日本タイの9連続奪三振をマークしたのが1958年5月31日の西鉄戦だった。駆け引きなしの小気味よい投球で1961年には30勝をマーク。56回連続無四球の記録が示すように制球力も抜群だった。実働12年（1956～67年）、162勝135敗、防御率2・66、勝率・545。

私とは同い年。しかし、土橋は高校卒業後、家業の魚屋で働いていたため、プロ入りは私より1年遅い。プロ入りの経緯がまたユニークだ。

家業を手伝いながら浅草のストリップ劇場が保有する軟式チームのエースとして野球を楽しんでいた。作家の井上ひさしさんとバッテリーを組むこともあったそうだ。そんな彼が東映の入団テストを受けたのが1954年秋。テストを受ける友人に冷やかしで付いて行って、自分が合格してしまったのである。友人は不合格。

3年目の1957年から一軍に定着し、21勝を挙げると、ここから7年連続2ケタ勝利。そのうち5度の20勝以上を記録し、1958年には当時の日本記録である1試合16奪三振と日本タイ記録の9連続三振をマークしている。

しかし、土橋の持ち味は奪三振より制球力にあった。通算134完投のうち、無四球試合は46を数える。名球会入りこそできなかったが、通算与四球率1・21は小山さんや稲尾の上をいく。その上、投球テンポがおそろしく速いのである。キャッチャーからボールを受け取ったときには、すでにワインドアップが始まっているくらいの感じだった。まさに「ちぎっては投げ、ちぎっては投げ」の投球スタイルで、得意のシュート、スライダーをリズム良く投げ込んだ。

たぶん、性格的にせっかちなのである。ちゃきちゃきの江戸っ子で、田舎者の私はそのテンポがとうとう合わなかった。だから対戦成績は芳しくない。しかし、暴れん坊集団の東映にあっては数少ないジェントルマン。気持ちのいい人だった。

チームが初の日本一に輝いた1962年は17勝（14敗）と前年の30勝から大きく勝ち星を減らしたが、阪神とのシリーズでは7試合中6試合に登板。2勝を挙げて、キャッチャーの種茂《たねも》雅之《まさゆき》とともに史上初のMVPダブル受賞を果たしている。

卓越したコントロールで東映のエースとして活躍した土橋正幸。無駄な駆け引きをしない、テンポの速い投球スタイルは「江戸っ子投法」と呼ばれた。通算162勝は2014年現在の球団記録でもある。（写真提供：共同通信社）

【第三位—東映〜日本ハムの歴代最強投手】

尾崎行雄

童顔に似合わぬ剛速球と向こう気の強さ

高校2年で全国制覇を果たすと、そのままプロ入り。18歳にして20勝を挙げて新人王。チームのリーグ優勝と日本一に貢献した。1965年には27勝で最多勝に輝いた。当時対戦した打者のストレートに対する評価は「速すぎて見えない」。ただし全盛期と言えるのは22歳までの5年間。肩痛からの回復はならず、28歳でマウンドを去った。実働12年（1962〜73年）、107勝83敗、防御率2・70、勝率・563。

尾崎行雄は高校時代から勇名を馳せた剛球投手である。私の記憶ではその後の江川卓や松坂大輔以上に世間は騒ぎ、プロの関係者は注目した。

高校1年のときから浪商のエースとして活躍し、1961年、2年生で迎えた夏は大阪府大会を7試合連続完封（うち1試合は24奪三振で完全試合達成）。甲子園大会でも5試合を投げて、わずか3失点で、浪商の全国制覇の立役者となった。前年の夏から続く柴田勲（巨人）を擁する法政二高との3度にわたる対決は名勝負として知られる。

その秋に尾崎が浪商を中退したのは自分の意思だったのかどうかはわからない。ドラフトが開始される

1965年7月15日、5安打2失点の完投で南海の連勝を17で止めた尾崎行雄。尾崎はこの年、自己最高の27勝（12敗）を記録。最多勝を獲得した。（写真提供：共同通信社）

4年前だから激しい争奪戦が繰り広げられ、東映が獲得に成功した。つまり、1962年にプロの公式戦でデビューしたとき、尾崎は本来なら高校3年生だったのである。

初めて見た尾崎のボールはおそろしく速かった。

今もプロ野球史上最速のピッチャーに尾崎の名前を挙げる人も少なくない。私は阪急の山口高志に軍配を上げるが、こればかりは打席に立ったバッターの感覚だから判定の下しようがない。まだスピードガンのない時代だ。ちなみに、プロ野球の審判を対象にした「戦後、最も速かった投手は誰か」をアンケートしたところ、1位・尾崎、2位・金田正一、3位・伊良部秀輝という結果が出ている。

身長は176センチと大きくはない。しかし、ゴリラのように胸板が厚く、いかにも上半身が強そうなスリークォーターのフォームだった。大きなテークバックから常に全力でボールを投げ込んでくる。また、彼のフォームの特徴にロッキングモーションがあった。これは右足をプレートに付け、両腕を何度も前後させてから振りかぶる投げ方であり、一種の幻覚投法だというので他球団が抗議し、その後禁止されている。

投げる剛球と幼い顔とのギャップからつけられたニックネームが「怪童」。顔は少年でも、ボールの威力も向こう気の強さも大人顔負けだった。

コントロールは決して悪くなかったはずだ。新人の年に200イニングちょっと投げて、与四球63というのは、やはり高校中退でプロ入りした金田正一さんの1年目（164回3分の2を投げ与四球127）に比べ、断然いい。

それだけの制球力がありながら、打者の頭の付近にくるボールが多かった。すっぽ抜けたボールなのか、狙って投げたボールなのかは、プロの打者ならだいたいわかる。尾崎の場合は明らかに後者。気の強いところといい、池永正明や東尾修に似ている。しかも池永や東尾より格段にボールが速いから、バッターの恐怖感は倍加する。

当然、私に対してもビーンボールまがいの投球はあった。何度かバッターボックスから大声で怒鳴りつけたことがあったが、まるで意に介さない。次にもう一度頭のあたりにくる。体の後ろにボールを投げられたこともあった。

十代にしてこれだけ荒っぽい投球ができたのは当時の東映のチームカラーもあったと思う。親会社である東映はヤクザ映画で知られたが、球団も「暴れん坊」の異名があるほどヤンチャ揃い。張本勲、山本八郎、白仁天《ペクインチョン》、大杉勝男、大下剛史といった顔触れは乱闘騒ぎにでもなろうものなら、投手の大きな味方となる。とくに張本は尾崎の浪商の大先輩である。正直言って、私は東映というチームそのものが苦手だった。

ところで、尾崎については速球の印象ばかりが語られる傾向にあるが、実はカーブの威力も相当だった。右バッターの体の近くを通るようにして、ブレーキ鋭く曲がり落ちた。

東映にとって尾崎獲得の効果は大きく、彼が弱冠18歳で20勝を挙げた１９６２年、チームは初のリーグ優勝、初の日本一に輝いている。

速いストレートを投げ過ぎた代償なのか、現役生活は12年で幕を下ろした。しかも、通算１０７勝のうち、98勝はデビューから5年間で挙げたものである。

【第五位—東映～日本ハムの歴代最強投手】

木田勇

パームボールでリーグを席捲した26歳の新人

1978年のドラフトで広島の1位指名を蹴り、翌年、日本ハムに1位指名で入団。交渉の席上「通勤圏に土地がほしい」と要求して話題になった。1年目から大活躍し、4月に月間MVPを獲得すると最多勝、最優秀防御率、新人王、MVPなど取れるタイトルはすべて取ったが、10勝に終わった2年目以降は下降線をたどった。実働11年（[日本ハム]1980～85年、[大洋]86～89年、[中日]90年）、60勝71敗6S（日本ハムで50勝）、防御率4・23、勝率・458。

私の現役最後となった1980年、パ・リーグを席巻した新人左腕が木田勇である。滑らかなフォームからストレート、パームボールに加え、大小2種類のカーブを投じるピッチングに勢いがあった。私も何度か痛い目に遭っている。

ストレートは最速で140キロ台中盤か。スピードよりキレで勝負するタイプで、金田さんや江夏のような剛速球で三振を奪うタイプではない。にもかかわらず、このシーズンに木田が積み上げた奪三振数は225。シーズン3回の毎回奪三振という日本記録を樹立し、江夏と並ぶ23イニング連続奪三振の日本タイ記録（当時）もマークした。

これだけの三振を奪えた要因はストレートと120キロ前後のパームボールとのコンビネーションにある。パームボールの名手と言えば、かつては小山正明さん、最近では中日の浅尾拓也が知られるが、新人の頃の木田のパームボールが落差は一番大きかった。腕の振りがストレートとまったく同じである上、打者がバットを振り出す瞬間に落ちたのでより効果的だった。

奪三振に限らず、この年の木田の成績は見事だ。22勝8敗。防御率2・28、19完投、253投球回数はすべてパ・リーグトップの数字である。新人王とMVPの同時受賞はプロ野球史上、この年の木田と1990年の野茂しかいない。

ところが、2年目以降はジリ貧。再び輝きを取り戻すことはなかった。肩やヒジの故障もあったようだが、最大の原因は慢心、過信ではなかったか。

26歳でプロデビューしたときには相当な覚悟があったはずだ。しかし、プロで本当に大事なのは良かった年の翌年だ。打者はボールに慣れるし、ピッチングの傾向を徹底的に分析し、攻略法を探す。そこに2年目のジンクスが生まれる土壌もある。「プロはこんなものか」と考えるか、「自分の力は本物だったのか」と反省するか。その差は天と地ほども違う。

【第八位―東映〜日本ハムの歴代最強投手】

大谷翔平

二刀流大賛成、プロ野球史を変える逸材

高校時代にアマ史上初の160キロをマーク。当初はメジャー挑戦を表明していたが、強行指名の日本ハムから「二刀流プラン」などの提示を受けて翻意。2年目の2014年は投打ともに成長著しく、投手としては160キロ超えを連発し、1試合16奪三振を記録する。打者としても長打を広角に打ち分け、ベーブ・ルース以来のシーズン2ケタ本塁打も達成し、潜在能力の高さを見せている。実働1年（2013年〜）、3勝0敗、防御率4・23、勝率1・00（※2013年まで）。

大谷の二刀流についてはプロ入り当初から賛否両論あり、まずは投手に専念すべきという意見が支配的だった。

高校時代から大谷をマークしていたメジャーリーグのスカウトも、打者より投手としての能力を高く評価した。おそらく、最初に本人が希望した通りメジャーに行っていたら、ルーキーリーグの段階から投手として育てられたはずだ。十代で160キロのストレートを投げる投手など、世界中を探してもそうそういない。現在のメジャーリーグでも160キロ台のボールを投げる投手は1シーズンに15人前後だという。しかも、その大半は短いイニングを全力で投げきるリリーフ投手。先発でこれだけの球速を出せる投

手となると、かなり限られる。要するに大谷は投手として稀有な才能の持ち主なのだ。

私自身も2013年の段階では二刀流に否定的だった。最大の理由は打者として大成するとは思えなかったからである。

まず身長193センチの体がマイナス要素であると判断した。過去に日本球界でこれほど長身の大打者はいない。とくに大谷の場合、背が高いだけでなく腕が長いため、コンパクトに腕をたたんで内角のボールをさばくという動作が難しくなる。

これまでもバッティングのいい投手は数多くいた。金田正一さんは投手として歴代1位の38本塁打を記録し、代打で出てきて打ったホームランが2本ある。池永正明や堀内恒夫はバッティングだけでなく、野手としての守備力も評価されたが、結局、二刀流には挑戦していない。

関根潤三さんは私が見たなかで二刀流として成功した唯一の選手で、投手として16勝を上げたシーズンも、打者として3割をマークしたシーズンもある。しかし、打者として規定打席に到達するようになったのは、投手を断念し野手に転向してからだ。

大谷についても最初は投手一本で勝負し、それがダメだったときに初めて打者に挑戦すべきであると私は強く主張した。しかし、2014年の大谷の成長を見て考えが変わった。私の旧態依然とした野球観は気持ち良く覆されたと言っていい。

まずバッティングだ。コースに逆らわず、広角に打ち分けられる柔軟性がある。私が危惧したインコースもヒジをたたんで腰の回転でしっかり打っているし、アウトコースのボールも長打にできる力強さが備わってきた。4月23日のソフトバンク戦で左中間に叩き込んだホームランなど、とてもプロ2年目の打球とは思えない。ファーストストライクからどんどん打っていく積極的な姿勢も評価できる。

ピッチングの成長も著しい。プロで1年間過ごしたことで体がひと回り大きくなり、とくに下半身が鍛えられたせいか、投げ方が一段と大きくなった感がある。ゆったりしたフォームからビューンとボールが伸びてくる。コントロールもかなり改善された。

変化球はカーブ、スライダー、フォークボール。まだどれも一流と言えるレベルにはないが、160キロに届くストレートと140キロ前後のフォークボールのコンビネーションは魅力十分。今後、奪三振はさらに増えるはずである。

投手としては2年目のダルビッシュと比べても、大谷のほうが上ではないか。ただし、大谷が今後ダルビッシュの域に達するかどうかはわからない。ダルビッシュには状況に合わせてピッチングを変えられる高い修正能力と、危機を察知し回避できる野球頭脳や感性がある。もし大谷がそれを身につけられれば、とてつもない投手になるだろう。

大谷のバッティングについては、王も「日本人で僕の記録を破れる素質がある選手」と言っているらしい。問題は投手としての調整と、打者として試合に出続けるための練習を両立させること。ここまでは順調にこなしていると思う。

できれば、大谷が最多勝とホームラン王の両方を取る姿を見たい。80年のプロ野球の歴史を変えるためにも、向こう10年は日本でプレーしてほしいものだ。

【第七章】

巨人の
歴代最強投手

球団名の変遷

●大日本東京野球倶楽部（1934年）

●東京巨人軍（1935年～1946年）

●読売ジャイアンツ（1947年～）

本格派右腕が多いのは名門球団の伝統か

44度のセ・リーグ優勝と22回の日本シリーズ制覇（2013年まで）。日本プロ野球界の名門球団だけあって、数多くの好投手を輩出してきた。

初代エースは弱冠17歳にして日米野球でアメリカチーム相手に0対1の完投を演じた伝説の投手、沢村栄治さんだろう。巨人一筋の現役生活ではなかったが、ヴィクトル・スタルヒンさん、別所毅彦さんといった300勝投手もいる。

日本初の完全試合を達成し、200勝87敗と抜群の勝率（.697は通算2000投球回数以上の投手で歴代1位）を残した藤本英雄さん、サイドからの速球とシュートで1955年に30勝6敗という抜群の成績を残した大友工《おおともたくみ》さん、2年連続で20勝を挙げてMVPとなりながら、日本シリーズでは西鉄、南海の前に屈し、「悲運のエース」と呼ばれた藤田元司さん……。

こうして見てくると、戦前から右の本格派投手が多い。その伝統を受け継ぐのが、9連覇の時代に活躍した堀内恒夫であり、その後の江川卓、西本聖《にしもとたかし》、槙原寛己らへとつながっていく。西本の左足を高く上げるフォームは大先輩の沢村さんとよく比較された。さらに、近年の右の本格派に上原浩治（現レッドソックス）、菅野智之がいる。

もちろん、左の好投手も少なくない。

速球と荒れ球が武器の中尾碩志《なかおひろし》さんはルーキーの年にノーヒットノーランを達成しているが、この試合は四死球も10個。そんなノーコンでも3度の25勝以上を記録している。よほどボールに力があったに違いない。9連覇の時代に堀内とともに投手陣を支えたサウスポーが高橋一三《たかはしかずみ》だ。球速は堀内より上だったのではないか。右打者の外角をかすめるシュートにもキレがあり、2度の20勝と沢村賞を獲得。現役左腕では100勝超えを果たした内海哲也がいる。

伝統的に投手力のチームである。野球は投手が支配するスポーツだということを踏まえた上でチームづくりをしてきた。だから常勝軍団であり得たのだ。その意味で、長嶋茂雄監督が1990年代後半に他球団から4番打者ばかり集めたチーム編成は巨人らしくない。

9連覇の時代も王、長嶋の存在が際立って見えたが、投手力のチームだった。この間、城之内邦雄、中村稔、宮田征典　堀内恒夫、高橋一三、渡辺秀武と、次々に20勝投手を輩出している。

あの時代に宮田をリリーフの切り札に起用した川上監督の慧眼を今さらながら思う。投手分業制など日本ではまともに論議されなかった1965年、今でいうストッパーの役割を与えられた宮田は20勝5敗で、現行制度なら22セーブを挙げている。先発勝利は一つだけだ。

私が「革命を起こそう」と言って江夏のリリーフ転向を口説いたのは、それから10年以上あとのことである。本当に革命を起こしたのは川上監督だった。

野村が選ぶ「巨人の歴代投手ベスト10」

1　堀内恒夫　実働18年（1966～83年）
通 203勝139敗6S　防 3.27　勝 .594
巨人V9時代のエース。守備にも優れ、72年にダイヤモンドグラブ賞が新設されると7年連続で受賞。大舞台に強く、日本シリーズでは歴代1位の11勝を挙げた。

2　別所毅彦　実働17年（南海1942～43、46～48年、巨人49～60年）
通 310勝178敗　防 2.18　勝 .635
「別所引き抜き事件」で南海から移籍。9年連続2ケタ勝利を飾るなど、巨人で221勝。

3　江川 卓　実働9年（1979～87年）
通 135勝72敗3S　防 3.02　勝 .652
巨人軍80年代のエース。「昭和の怪物」の全貌はついに見えなかった。

4　斎藤雅樹　実働18年（1984～2001年）
通 180勝96敗11S　防 2.77　勝 .652
90年代に挙げた129勝は球界最多。先発完投にこだわり、3度の沢村賞を受賞した。

5　城之内邦雄　実働11年（巨人1962～71年、ロッテ74年）
通 141勝88敗　防 2.57　勝 .616
巨人V9時代前半のエース。変則フォームからのシュートに威力があった。

6　藤田元司　実働8年（1957～1964年）
通 119勝88敗　防 2.20　勝 .575
プロ入り3年で73勝。日本シリーズでも熱投したが、酷使がたたり全盛期は短かった。

7　高橋一三　実働19年（巨人1965～75年、日本ハム76～83年）
通 167勝132敗12S　防 3.18　勝 .559
V9時代の左のエース。全盛期の直球は150キロ以上出ていたとも。巨人で110勝。

8　槙原寛己　実働19年（1983～2001年）
通 159勝128敗56S　防 3.19　勝 .554
90年代の巨人が誇る「先発三本柱」の一人。94年には完全試合を達成。

9　桑田真澄　実働20年（1986～95、97～06年）
通 173勝141敗14S　防 3.55　勝 .551
斎藤、槙原と「先発三本柱」を形成。頭脳的な投球で数々のタイトルを獲得した。

10　西本 聖　実働18年（巨人1976～88年、中日89～92年、オリックス93年）
通 165勝128敗17S　防 3.20　勝 .563
鋭いシュートで凡打の山を築き、巨人時代に126勝。中日移籍1年目は最多勝を獲得。

【第一位──巨人の歴代最強投手】

堀内恒夫

打撃や守備でも天賦の才を発揮したV9エース

快速球と落差の大きいカーブを武器に、1年目の開幕から無傷の13連勝を飾るなど16勝2敗で新人王と沢村賞をダブル受賞。以後もV9巨人のエースとして活躍し、1972年には26勝を挙げて最多勝、MVPに輝いた。日本シリーズに滅法強く、MVP2回、通算11勝（日本タイ記録）。歯に衣着せぬ発言で「悪太郎」のニックネームもある。実働18年（1966〜83年）、203勝139敗6S、防御率3・27、勝率・594。

巨人が9連覇した時代、投手陣の中心にいたのが堀内である。

ドラフト1位で入団し、ルーキーでいきなり開幕13連勝。新人投手として歴代1位の44イニング連続無失点の記録も樹立し、最終的には16勝2敗、防御率1・39で、勝率、防御率、沢村賞、新人王などのタイトルを総なめにした。

これが巨人9連覇における2年目の1966年。堀内はこの年から9連覇の最終年（1973年）までの8年間で129勝71敗の成績を残した。もちろん、9連覇期間中の球団最多勝利投手である。また、この間は王と長嶋が毎年のようにMVPを獲得（王が5回、長嶋が3回）したが、唯一の例外が1972年の堀内だった。26勝9敗で2度目の沢村賞にも輝いている。

武器は快速球と縦に大きく曲がるカーブ。なんでも子どもの頃、機械に手をはさまれて人差し指の先を切断するケガをし、これが長じて野球に生かされたらしい。ボールをスピンさせ、落差を大きくするテクニックを身につけたのだという。

野球センスの塊のような投手で、堀内のフィールディングの素晴らしさは捕手からの返球を受け取るグラブさばきを見ればわかった。高校出たての頃から手のひらにボールを吸い寄せるように柔らかく捕球していたのを憶えている。守備の良さは自らのピッチングを救う。エースの大事な条件だ。堀内は１９７２年に創設されたダイヤモンドグラブ賞（１９８６年からゴールデングラブ賞）の投手部門第1号で、この年から7年連続で受賞している。

バッティングも打者に転向しても大成したのではないかと言われるほどだった。

１９６７年、プロ2年目の19歳のときにノーヒットノーランを達成しているのだが、このとき話題になったのはピッチングの内容よりバッティングである。驚くことに投手としては史上初の3打席連続本塁打を放ち、5打点を挙げている。

通算21本塁打は歴代5位（1位は金田正一の36本）だが、21本目が自身の引退試合だったところにも堀内らしさがうかがえる。大舞台、つまり、目立つ試合になればなるほど力を出すタイプなのは間違いない。

日本シリーズでも無類の勝負強さを発揮した。１９７２年、１９７３年と、連続でシリーズＭＶＰに輝いている。

1966年7月27日、阪神戦（甲子園球場）でセ・リーグタイ記録の開幕13連勝をあげたルーキーの堀内。この年の最終的な成績は16勝2敗。高卒新人ながら、沢村賞をはじめ、最優秀防御率などの投手タイトルを獲得した。（写真提供：共同通信社）

1973年に対戦したのは、私が兼任監督をしていた南海だ。この年の堀内は前年に300イニング以上投げた反動なのか、12勝17敗と大きく負け越し、防御率4・52とプロ入り以来、最低の成績だった。

ところが、日本シリーズではまるで別人だった。南海の先勝で迎えた第2戦、リリーフで5回を投げると、延長11回には自ら決勝打を打って試合を決め、移動日をはさんだ第3戦は先発で完投勝利。打っては2本塁打の大活躍だった。巨人の3勝1敗で迎えた第5戦もリリーフで試合を締めくくった。文句なしのMVPである。

堀内のバッティングについてはシリーズ前からかなり警戒した。しかし、スコアラーが集めたデータが間違っていたのだ。「堀内はカーブ打ちがうまい」という情報を信じて、シュートやストレートで勝負し、それが裏目に出た。対戦して得た正しい情報は「堀内はバッテリーの配球を読むのがうまい」ということだった。

余談になるが、巨人から南海に移籍して来たある選手にしつこく問いただしてわかったことがある。川上さんが監督をしている頃から、巨人は相手捕手のサインを盗んでいたのだ。スパイ野球は1970年代後半からパ・リーグで始まったように言われるが、巨人のほうがずっと早かった。さらに遡ると、三原脩監督時代の西鉄もやっていたようだ。

もちろん、球種やコースがあらかじめわかっても打てない、あるいはバッティングに集中する上で邪魔になるから教えないでくれという選手もいる。王や長嶋がそうだったらしい。日本シリーズでの堀内がどうだったかはわからない。

【第二位―巨人の歴代最強投手】

別所毅彦

投げても投げても壊れなかった強靭な右腕

兵役を経て1946年に南海に復帰し、1947年に30勝19敗。47完投は日本記録である。翌年、26勝を挙げてチームを優勝に導きながら契約で揉め、巨人に移籍。南海は新婚の別所に家一軒をプレゼントするのを惜しみエースを失ったと言われた。巨人移籍後は文字通りエースとして働き、5度の20勝以上をマーク。通算310勝は歴代5位。実働17年（［南海］1942〜48年、［巨人］1949〜60年）、310勝178敗（巨人では221勝）、防御率2・18、勝率・635。

戦前から活躍し、現役17年で通算310勝を記録した大エースだ。

私がまだ二軍でくすぶっていた頃、南海との日本シリーズで登板した別所さんの雄姿をスタンドから見たことがある。1955年だから、別所さんは33歳。23勝8敗、防御率1・33で沢村賞に輝いたシーズンだ。

日本シリーズは南海が3勝1敗で先に王手をかけながら、3連敗して栄冠を逃した。このとき、巨人を日本一へと導いたのが別所さんである。4試合に登板し、3勝1敗。第7戦は別所さんが堂々の完封勝ち。ストレートとカーブだけの組み立てだったが、一つ一つのボールに力があった。南海の中心打者との力量の差は歴然としており、前年に、中日の杉下茂さんにねじ伏せられたときと似たものを感じた。

この頃からパ・リーグ各球団には強い巨人コンプレックスがあったように思う。スタンドで見ていても巨人の選手のユニフォームは輝いて見えた。グラウンドでの練習から違う。パ・リーグの球団はまっ黒に汚れたボールを使って練習するのが当たり前。しかし、巨人は練習であっても新しい、真っ白なボールがグラウンドに大量に投げ出され、これを使った。報道陣の数も、観客の数も違う。雰囲気に呑まれるのも無理はない。

そんな戦後まもない黄金期の巨人を支えたエースが別所さんであった。

しかし、その別所さんも元は南海の投手である。1948年のオフ、別所さんが契約更改でもめると、その間隙を突くように巨人が獲得してしまった。

ご健在だった頃、「おれは肩を痛めたことがない」と語っておられた。毎年のように300イニング以上投げながら、故障らしい故障もなかった。投手に必要な強い肩と柔らかな筋肉は天性のものだったに違いない。

【第三位―巨人の歴代最強投手】

江川卓

その正体が最後まで見えなかった昭和の怪物

甲子園で奪三振記録を更新するなど、高校時代から「怪物」の名をほしいままに。しかしドラフトの盲点を突く「空白の1日」騒動に端を発した巨人入団で全国の野球ファンを敵に回した。3年目に20勝、MVP獲得も沢村賞を逃したのはそのダーティイメージが影響したとも言われる。1987年、13勝を挙げながら、突然の引退表明をした。実働9年（1979〜87年）、135勝72敗3S、防御率3・02、勝率・652。

高校時代から「怪物」の異名があった。

公式戦で9度のノーヒットノーラン（完全試合2度を含む）を記録し、春夏合わせ甲子園で6試合に投げて、92の三振を奪っている。奪三振率は実に14・0。今でも江川は高校時代が一番速かったという声を聞くが、実際にグラウンドで当時のピッチングを見たことがないから、私には判断の下しようがない。

ただ、阪急のドラフト1位指名を拒否して大学に進んだことは彼にとって決してプラスではなかったと思う。

環境が人を育てるという言葉があるように、野球というスポーツのエッセンスを貪欲に吸収すべき18〜

22歳の時期に、プロの一流打者と対戦し、一流投手のボールを目のあたりにする意味は小さくない。たとえば、江夏は高校を卒業してすぐに王、長嶋と対戦することによって成長していった。彼自身、王、長嶋をプロの最高峰と考え、2人を抑えることが一流投手への道だと考えたという。

私の推測でしかないが、結果的に江川は大学に行って手を抜くことを覚えてしまったのではないか。能力の突出したプレーヤーが、真のライバルのいない環境に置かれたときに陥りやすい罠である。

しかも江川はドラフト制度の盲点をついた「空白の1日」を利用しようとした上、小林繁とのトレードという形で巨人に入団。プロ野球界の悪役として、マスコミやファンをすっかり敵に回すことにもなってしまった。

約2カ月間の出場自粛を経て公式戦のマウンドに立った1979年は9勝に終わった。しかし、翌年から16勝、20勝と、順調に勝ち星を伸ばし、2年連続最多勝に輝いた。この頃がピークだが、その後も引退の年まで8年連続2ケタ勝利の成績を残している。

1984年のオールスターゲームでは落合博満やブーマーら強打者が並ぶパ・リーグの打線を相手に8者連続奪三振の離れ業を披露した。江夏豊の記録と並ぶ9人目の打者、近鉄の大石大二郎を簡単に2ストライクと追い込みながら、最後に外角高めのカーブを投げて、ちょこんと当てられた。セカンドゴロで記録達成はならなかった。

なぜ、大事な場面で、この日走りに走っていたストレートを投げなかったのか。さまざまな憶測があるが、ネット裏から見ていた私の目には江川がどこか遊んでいるように映った。この日に限らず、オールス

1981 年の日本シリーズ（巨人 - 日本ハム）の第４戦（10 月 21 日、後楽園）で力投する江川。この年、自己最多のシーズン20勝をあげた江川は日本シリーズでも活躍。３試合に先発し、２勝（２完投）で巨人を優勝に導き、シリーズ MVP を獲得した。（写真提供：共同通信社）

ターではいつものことで、オープン戦では決して真剣に投げようとしなかったり、公式戦でもときに格下と思われる打者に無造作に甘いコースに投げては痛打を食らう姿と重なって見えた。

江川の投げ方は体全体がムチのようにしなる。ゆったりしたフォームから腕が出てきて、リリースの瞬間に力を集中するのでスピンがかかって、ボールがホップするように伸びた。打者はスピードガンの表示以上に速さを感じたはずだ。

体のバランスがいいからコントロールもいい。だから、打者がつい手を出してしまう内角高めに威力十分な速球を狙い通りに投げて、三振を奪うこともできた。

プロ入り後しばらくして自ら「コシヒカリ」と命名したスライダーなども投げるようになったが、基本的に球種はストレートとカーブしかなく、「最後の本格派投手」との評価もうなずける。しかし、本格派の代表である江夏豊のストレートを超一流とすると、江川のそれは一流止まり。カーブも金田正一さんと比べると、超一流の域にはない。一流から超一流へとステップアップする可能性、潜在能力はあったと思うのだが。

晩年（といっても30歳を過ぎた頃からだが）はスタミナ不足が露呈し、「100球肩」などとマスコミに揶揄された。現在の球数制限を口にし始めた先駆者とも言えようか。

怪物はその正体も、その全貌も見せることなく、33歳であっさり引退の道を選んだ。彼が全知全能を賭けて戦う姿は最後まで見られなかった気がする。

【第四位―巨人の歴代最強投手】

斎藤雅樹

「ミスター完投」と評された90年代のエース

当時の藤田元司監督のアドバイスでオーバースローからサイドスローに転向し、才能が一気に開花。プロ3年目から一軍に定着する。以後、不遇の時代もあったが、1989年には11試合連続完投勝利の日本記録を達成し、2年連続で20勝（最多勝）、最優秀防御率に輝いた。3度の沢村賞受賞は杉下茂、金田正一、村山実と並び史上最多である。実働18年（1984～2001年）、180勝96敗11S、防御率2・77、勝率・652。

90年代に巨人投手陣の三本柱と言われたのが斎藤雅樹、槙原寛己、桑田真澄である。サイドスローの斎藤、剛速球の槙原、技巧派の桑田とタイプは異なるが、3人とも150勝以上（斎藤180勝、槙原159勝、桑田173勝）しているから、レベルは高い。

このなかでナンバーワンを挙げるとすれば、やはり斎藤雅樹だ。90年代に挙げた126勝は球界最多であり、この時代の最強エースと言ってもいい。通算96敗と負けが少なく、勝率が6割5分を超えている点にも価値がある。

もともとはオーバースローだがコントロールがままならず、入団後すぐに持ち前の打撃センスを活かして野手に転向する話もあったようだ。サイドスロー転向を指示したのは藤田元司監督である。これによってコントロールが良くなり、1年目のシーズン終盤に一軍に上がると、リリーフで4勝。翌年は先発、抑えにフル回転で12勝8敗7セーブと活躍した。

しかし、その後3年間鳴かず飛ばずだったのは巨人投手陣の層の厚さだろうか。精神面の弱さを耳にしたこともある。

大ブレイクを果たすきっかけを与えてくれたのはやはり藤田監督だった。人との出会い、良き指導者との巡り合わせが才能開花の一助となるケースはいつの時代、どの世界にもある。

1989年、巨人に復帰した藤田監督は斎藤を先発で使い続け、これが見事に当たった。20勝7敗、防御率1・62。鈴木啓示を破る11試合連続完投勝利の日本記録も樹立した。翌年も8試合連続完投勝利を含む20勝5敗。MVPも獲得し、すっかり球界を代表するエースへと成長した。なお、2年連続20勝の達成は斎藤が最後である（2014年10月現在）。

斎藤の調子がいいときは横手からボールをリリースすると同時に、マウンドで体がポーンと弾むような躍動感があった。コントロールも良いほうだったが、緻密な制球力があったというわけではない。むしろ伸びのあるストレートの力でぐいぐい押すタイプだ。右打者のアウトコース、左打者のインコースへのストレートはスライダー回転し、打者は微妙にバットの芯を外された。いわゆる「真っスラ」である。あとは曲がりの大きなカーブとシンカー。球種が少なく、サイドスローでありながら本格派投手のピッチングを身上とした。

東京ドームの広島戦で好投する斎藤雅樹。11 試合連続完封勝利（1989 年）、3 年連続開幕戦完封勝利（1994 ～ 96 年）など、数々の日本記録を打ちたて、90 年代を代表する投手として活躍。その姿から「平成の大エース」と呼ばれた。（写真提供：共同通信社）

1990年、まさに斎藤が絶好調だった時代に、私はヤクルトの監督に就任した。打倒巨人を果たし、リーグ優勝する上で斎藤は大きな壁だった。思い出すのは1997年の巨人との開幕戦。先発はもちろん、斎藤。3年連続して開幕戦で完封勝利を飾っている上、ヤクルトは前年、斎藤には0勝7敗とカモにされていた。

そこで、私は開幕前に斎藤の投球パターンを徹底的に分析した。攻略のキーマンは左打者であると考え、前年、広島を自由契約となってヤクルトにやってきた小早川毅彦に斎藤の配球傾向や狙い球をこと細かに伝授したのである。

「たとえば、内角高めのストレートのあとは外角からのカーブが来ることが多い。とくに3ボール1ストライクになったら、必ずだ。それを踏み込んで打て！」

こうした指示がまんまと功を奏し、小早川は3打席連続本塁打。ヤクルトが6対3で快勝した。ヤクルトはこの日から首位の座を一度も譲ることなく、2年ぶりの優勝。宿敵・巨人にも19勝8敗と大きく勝ち越した。

私は何事においても「1」が重要だと考える。野球なら初戦であり、第1球、第1打席である。長いペナントレースも開幕戦がすべてを決めると言っても過言ではない。なぜなら、スタート時点ではどのチームも横一線。チームの力だけでなく、監督の采配が顕著に表れるのが開幕戦だと思うからだ。

結局、この年の斎藤は右肩痛もあり、わずか6勝に終わっている。出足のつまずきとエースの不調は大きく響き、巨人は4位に沈んだ。

【第五位―巨人の歴代最強投手】

城之内邦雄

厳しいシュートで打者を威圧した「エースのジョー」

22歳でプロ入りすると、開幕戦で阪神の小山正明と投げ合うなど1年目からエースとして獅子奮迅の働きを見せ、24勝で新人王。リリースポイントがわかりづらい変則フォームから投じられるシュートに威力があり、入団から5年で100勝以上（巨人では唯一）。巨人を任意引退した後、2年のブランクを経てロッテで1年間現役復帰している。実働11年（［巨人］1962〜71年、［ロッテ］1974年）141勝88敗、防御率2・57、勝率・616。

9連覇のエースは堀内だが、9連覇の最初の3年間に限れば、巨人投手陣のエースの座にいたのは城之内だった。ニックネームは「エースのジョー」。若い人は知らないだろうが、日活映画の宍戸錠の役名からとったものだ。

ノンプロを経て巨人に入団したのが1962年。新人ながら開幕投手をまかされ、阪神の小山さんと投げ合って敗れた。しかし、最終的には24勝を挙げて新人王。

翌年以降も17勝、18勝、21勝、21勝とコンスタントに勝ち星を挙げ、5年間で101勝を積み上げた。巨人で新人の年から5年で100勝を超えたのは城之内一人しかいない。

そして、彼が2度目の20勝投手となった1965年から9連覇は幕を開けた。翌1966年には堀内が入団してくるわけだが、城之内は21勝8敗と先輩エースの意地を見せている。21完投、6完封も見事で、どちらが沢村賞に選出されてもおかしくなかった。チームが優勝したシーズンにいずれも20勝をマークしながら、シーズンMVPも沢村賞も獲れなかったのは不運としか言いようがない。

砲丸投げのように一度打者に背中を向けて投げ込む変則フォームは、最近の投手で言えば、野茂英雄を思わせなくもない。武器は速球に加え、大きく曲がりながら沈むシュート。リリースポイントが見えづらい腕の振りだったため、右打者にはボールが体に当たるのではないかと思わせる雰囲気があった。日本シリーズで何度も対戦したが、私は苦手だった。

ところで、城之内というとまず私が思い出すのは、ラジオ局が主催していたプロ野球選手による歌合戦だ。ひどい音痴なのである。私なら出演をためらうほどだ。しかし、彼は少しも恥ずかしがることなく、マイク片手に堂々と歌っていた。その気の強さ、唯我独尊ぶりは典型的な投手タイプである。

【第八章】

阪神の
歴代最強投手

球団名の変遷

●大阪タイガース（1935年～1940年9月24日）

●阪神軍（1940年9月25日～1944年）

●大阪タイガース（1946年～1960年）

●阪神タイガース（1961年～）

小山、江夏の移籍が球団の体質を象徴

昔の阪神タイガースで真っ先に思い出すのが西村一孔《にしむらかずのり》の名前だ。今の野球ファンのほとんどは知らないだろうが、球史に残る豪腕だった。

1955年にデビューすると、60試合に登板し、いきなり22勝を挙げて新人王。オープン戦で初めて対戦したときは、あまりのボールの速さに度肝を抜かれた。日米野球で来日したヤンキースのケーシー・ステンゲル監督が「アメリカに連れて帰りたい」と言ったエピソードもある。肩を壊し、わずか4年で球界を去ったのが残念でならない。

西村の跡を継ぐ豪腕が村山実である。1962年のリーグ優勝時は村山と小山正明さん、1964年のときは村山とバッキーの二枚看板が獅子奮迅の働きをした。その後、村山、江夏の時代を迎えるが、優勝はならなかった。

結局、今日に至るまで名門・阪神の出身で名球会入りを果たした投手は小山さん、村山、江夏の3人だけである。しかも、小山さんと江夏はトレードされたチームで200勝を達成している。生え抜きのスーパースターがそのまま阪神で現役生活を全うできなかったところに、球団の体質が象徴されているように思う。

1985年に悲願だった球団史上初の日本一を達成するが、明らかにランディ・バースを中心とする打撃偏重のチームだった。投手陣では先発より中西清起、山本和行といったリリーフの活躍が目立った。エースと呼べる先発投手が育たないツケが以後の阪神の長い低迷期へとつながっていく。

私が「名門再建」「猛虎復活」の期待を担って阪神の監督に就任した1999年からの3年間も同様だった。柱となってくれる先発投手がいないのである。この3年間で、2ケタ勝利を記録した先発投手は2000年の川尻哲郎のみ。何度も編成部にドラフトで即戦力投手を獲得するように要求したが、結局叶わなかった。

就任3年目にしてようやく頭角を現したのが左腕の井川慶（現オリックス）である。球は速いが、ひどいノーコン。ダーツが趣味だと聞いたので「ダーツの要領でミットだけ見て投げろ」と諭したら、スイスイ完封してしまったことがあった。その井川が2003年に20勝して、チームを18年ぶりのリーグ優勝に導いた。沢村賞の受賞は阪神の投手としては小林繁以来、実に24年ぶりのことだった。

近年のエース格と言えそうなのは左の能見篤史か。しかし、いかにも線が細く、一番勝った年が13勝では物足りない。それより期待は藤浪晋太郎だろう。恵まれた体と150キロ超えの速球を投げられる才能は大きな魅力である。

野村が選ぶ「阪神の歴代投手ベスト10」

1　江夏 豊
実働18年（阪神、南海、広島など。阪神には67～75年在籍）
通 206勝158敗193S　防 2.49　勝 .566
阪神時代は高い奪三振率を誇る速球派投手として活躍。シーズン401奪三振、オールスター9連続奪三振など数々の記録を残した。阪神では159勝。

2　小山正明
実働21年（阪神1953～63年、東京・ロッテ64～72年、大洋73年）
通 320勝232敗　防 2.45　勝 .580
抜群の制球力で、球界唯一の両リーグ100勝を達成。阪神では176勝を挙げている。

3　村山 実
実働14年（1959～72年）
通 222勝147敗　防 2.09　勝 .602
打倒巨人に執念を燃やした阪神のエース。巨人の長嶋茂雄と名勝負を繰り広げた。

4　西村一孔
実働4年（1955～1958年）
通 31勝20敗　防 1.95　勝 .608
1年目に22勝17敗、302奪三振の快投。肩の故障により1年で散った「伝説の豪腕」。

5　バッキー
実働8年（阪神1962～68年、近鉄69年）
通 100勝80敗　防 2.34　勝 .556
外国人初の沢村賞投手。65年には巨人相手にノーヒットノーランを達成している。

6　小林 繁
実働11年（巨人1973～78年、阪神79～83年）
通 139勝95敗17S　防 3.18　勝 .594
79年、江川卓とのトレードで阪神に移籍。最多勝を獲得するなど意地を見せた。

7　井川 慶
実働10年（阪神1999～06年、オリックス12年～）
通 91勝70敗1S　防 3.20　勝 .565
03年に20勝を挙げるなど活躍。メジャーを経て、12年に日本球界に復帰。

8　藤川球児
実働12年（2000～12年）
通 45勝25敗220S　防 1.77　勝 .627
スピンの利いた直球で三振の山を築いた守護神。2013年からはメジャーに挑戦中。

9　渡辺省三
実働13年（1953～65年）
通 134勝96敗　防 2.44　勝 .583
優れた戦術眼で打者を抑えた技巧派右腕。その投球術は村山実らに影響を与えた。

10　藤浪晋太郎
実働1年（2013年～）
通 10勝6敗　防 2.75　勝 .625
長身から投げ下ろす150キロ超のストレート。大エースになれる素質はある。

【第一位—阪神の歴代最強投手】

江夏豊

奪三振王からリリーフ革命のヒーローへ

入団1年目から一軍で活躍し、2年目の1968年には25勝を挙げて最多勝。この年の401奪三振（世界記録）、1971年の球宴9者連続奪三振、1979年日本シリーズ第7戦9回無死満塁からの快投「江夏の21球」など、その球歴は数々の記録と伝説に彩られている。リリーフに転向後は広島、日本ハムを優勝に導き、「優勝請負人」とも呼ばれた。実働18年（〔阪神〕1967〜75年、〔南海〕76〜77年、〔広島〕78〜80年、〔日本ハム〕81〜83年、〔西武〕84年）、206勝158敗193S（うち阪神で159勝）、防御率2・49、勝率・566。

数ある江夏伝説の中でも1971年のオールスターにおける9者連続奪三振は白眉だろう。私はこれを一塁のコーチャーズボックスから見ていた。

この年のパ・リーグの指揮を執ったのはロッテオリオンズの濃人渉《のうにんわたる》監督だった。濃人監督の方針でこの試合は若手中心で先発オーダーが組まれたため、幸か不幸か、私は江夏が三振を奪った9人に名前を連ねることはなかったのである。

1番・有藤通世《ありとうみちよ》に始まり、基満男《もといみつお》、長池徳二と、パ・リーグの打者が次々に三振を奪われていく。ボールは確かに速い。しかし、それ以上に相手を呑んでかかっているオーラがあった。「奪三振王・江夏豊」という看板をマウンドに大きく掲げ、自信満々で投げているように見えた。

ペナントレース中の調子は決して良くなかったはずである。この年の最終的な成績は15勝14敗。前後の1970年、1972年には20勝以上を挙げていることを思えば、江夏にしては悪すぎる。それでもオールスター戦のような大舞台になると、底知れぬ力を発揮するところがスーパースターの証しである。

江夏は「100％ストレートが来る」と待ち構える打者に対してもストレートで勝負し、空振りを奪える典型的な本格派投手だ。好調時の江夏のボールはうなりを上げて迫り、打者は当てるのが精一杯。そんな江夏が最も輝いたシーズンがプロ2年目だろう。

ご存知のように稲尾のシーズン奪三振353の日本記録を更新し、最終的に401というとてつもない記録を残した。1968年、弱冠20歳だった。

1967年に新人としては破格の225三振を奪っているが、この年の成長は四球の数に顕著に見てとれる。1年目は230回3分の1を投げ、与えた四球が88あったが、2年目は329回を投げ、与四球は97。1試合あたりの与四球率が3・52から2・65に減った。持ち前の剛速球に制球力がプラスされたのだから、三振が増えるのも道理である。曲がりの小さなカーブもピッチングのアクセントになった。

そんなスーパー左腕も3年目には肩を壊し、やがて血行障害にも悩まされるようになる。もともと心臓病の持病もあった。心臓をかばって、しだいに走り込みをしなくなったために、肥満を招くことにもなってしまった。

しかし、1973年8月30日の中日戦で、江夏は再び伝説をつくる。9回まで中日打線をノーヒットに抑えたものの、味方の援護がなく延長戦に突入。10回、11回とさらにノーヒットを続け、11回裏になんと自らサヨナラ本塁打を放って決着をつけてしまったのである。この頃には剛速球とカーブだけでなく、ピッチングのうまさも身につけていた。

さて、冒頭のオールスター戦に話を戻すと、江夏は前年のオールスター戦でも5者連続三振を奪っており、この日の9者連続と合わせて、14者連続奪三振。さらに翌日も登板した江夏は江藤慎一から三振を奪い、15者連続まで記録を伸ばした。そして16人目の打席に立ったのが私だった。さすがに、これ以上記録を続けられるのはパ・リーグの不名誉であると考え、私はバットを短く持って当てにいった。結果はセカンドゴロ。

江夏は記者にこんなことを言ったらしい。

「野村さんはずるいよ。あんな打ち方をされたら、誰だって三振は奪えない」

このとき江夏と私が同じチームでバッテリーを組むことになろうとは思いもしなかった。

南海時代に行った江夏の意識改革

江本孟紀とのトレードで江夏が南海にやってきたのは1976年。まだ28歳だったが、肩やヒジを壊し、血行障害まで抱えていたため、全盛時の面影はなかった。

それでも移籍当初は江夏の名前が効いた。相手が勝手に「江夏は速い」とイメージしてくれたのである。ところが、ボールは打者が想像している以上に遅い。これでタイミングが合わず、各球団にひと通りは勝てた。しかし、ふた回り目からはもう通用しない。

私に江夏のリリーフ転向を考えるきっかけを与えたのはトレーナーの一言である。

「50球全力投球したら、握力は子ども以下ですよ」

しかし、まだ投手の分業制が確立されてない時代だ。江夏の説得には骨が折れた。もともと江夏は阪神から放出されたことで大恥をかかされたと思っていた。セ・リーグの人気球団で「お山の大将」として好き放題にやってきた江夏にとって、同じ関西でも観衆もまばらな南海への移籍は島流しのような気分だったのだろう。その上、リリーフ転向となれば、「二重の恥さらし」になると江夏は考えていたようだ。当時のプロ野球界には、リリーフと言えば先発失格者がやるものだという認識がまだあった。

嫌がる江夏を納得させるのに1カ月は要しただろうか。最後に自然に口をついて出たのが「革命」という口説き文句だった。

「近い将来、野球は大きく変わるはずだ。メジャーのように投手起用は先発、中継ぎ、抑えの分業制になる。おまえ、リリーフの分野で革命を起こす気はないのか」

革命の言葉が琴線に触れ、江夏はリリーフ転向を了承した。この話は江夏自身も語っており、すっかり有名になってしまった。

しかし、江夏と私の関係を語る上で欠かせないエピソードがもう一つある。

1971年7月17日、西宮球場で行われたオールスター第1戦で3回裏、阪急の加藤英司から空振り三振を奪い、9者連続奪三振を達成した阪神・江夏豊。2回表には、投手としてオールスター史上2人目のホームランも放っている。（写真提供：共同通信社）

まだ開幕間もない頃のある試合だった。二死満塁3ボール2ストライクの場面で、コントロールのいいはずの江夏がとんでもないボールを投げて押し出しで負けたことがあった。帰りの車に彼を乗せ、私は問いただした。

「おまえ、八百長やってんやないか？」

江夏の名前は、かつてプロ野球界の八百長事件として世間を騒がせた「黒い霧事件」の際にも取り沙汰されている。そんな経緯を知っていたから、私もあえて聞いたのだ。

「絶対にやってない。でも、こんなことを面と向かってはっきり言ったのは、野村さん、あんたが初めてだよ」

江夏が心を開き、私を信頼してくれるようになったのはこのときからである。そして、先のリリーフ革命の話へとつながっていった。

ストッパー転向後の江夏の活躍は言うまでもない。翌年、制定されたばかりの最優秀救援投手の栄誉に輝き、広島、日本ハムに移籍してからは「優勝請負人」と呼ばれる働きで日本におけるリリーフ投手の価値を高めた。

私は、今でも江夏こそがナンバーワンのストッパーだと思っている。何より江夏ほどピッチングに対して研究熱心な投手はいなかった。打者の技量を的確に把握し、その心理を分析すると同時に、一球一球の意図や配球の根拠をいつも考えていた。江夏と何度も交わした野球談義は、私の野球人生においてこれ以上ない貴重な時間だった。

【第二位―阪神の歴代最強投手】

小山正明

制球力は稲尾と双璧の「ミスターコントロール」

正確無比なコントロールから「投げる精密機械」の異名を取り、歴代3位の320勝、歴代唯一の両リーグ100勝以上を達成。村山実との二枚看板で1962年のリーグ優勝に貢献し、1963年オフに山内一弘との「世紀のトレード」で大毎へ。どちらの球団が得かとマスコミは騒いだが、小山は翌年30勝12敗で最多勝のタイトルを獲得し意地を見せた。実働21年（[阪神] 1953〜63年、[東京] 64〜72年、[大洋] 73年）、320勝232敗（うち阪神で176勝）、防御率2・45、勝率・580。

阪神がセ・パ2リーグ制になってから初めて優勝したのが1962年である。この年、投手陣の屋台骨を支えたのが小山さんと村山だった。

成績は小山さんが27勝11敗、防御率1・66、村山が25勝14敗、防御率1・20。二人合わせての52勝はチーム勝利数の7割近くにも相当する。まさに甲乙つけがたい成績で、小山さんが沢村賞、村山がシーズンMVPを受賞した。

しかし、小山さんはMVPの投票結果には納得がいかなかったようだ。その気持ちもわからないではない。小山さんが挙げた27勝のうち、なんと完封勝ちが13（歴代4位だが、上位3人は戦前の記録）。5連続完封もある。

結局、小山さんはＭＶＰの代わりにセ・リーグから特別に優秀功労賞の表彰を受けたのだが、これが逆に釈然としない気持ちに拍車をかけることになったらしい。

「両雄並び立たず」の諺はどんな世界にも当てはまる。小山さんと村山の関係もしかり。小山さんは１９６３年のオフ、トレードで大毎オリオンズ（翌年・東京オリオンズ、現千葉ロッテマリーンズ）に放出される。大毎の4番・山内一弘との交換は「世紀の大トレード」と呼ばれ、スポーツマスコミを大きく賑わした。

小山さんは私より学年が一つ上だ。プロ入りも1年早い。そして、私と同じテスト生での入団である。阪神の入団テストに合格した理由は「バッティング投手としてなら」というものだったそうだ。私も「ブルペンキャッチャーにでもしておけばいい」という理由で入団できたのだから、その点もよく似ている。

小山さんは契約金なしで月給５０００円。私は契約金なしの月給７０００円だったから、少しはマシだろうか。それでも最初に「年俸８万４０００円」という話を球団のマネジャーから聞いたとき、その金額を月給と勘違いし、後でガッカリしたのを覚えている。しかも７０００円のうち寮費が４０００円で、母への仕送りが１０００円。残りの２０００円で1カ月を暮らさなければならないからたいへんだった。

話が少し横道へ逸れた。小山さんの話に戻ろう。

小山さんはバッティング投手としてスタートすると、早くも1年目の夏に一軍に昇格し、5勝を挙げる。

小山正明、阪神時代の投球フォーム（1960年2月17日撮影）。小山は1958年に初めてシーズン20勝を記録（24勝12敗）、そこから3年連続20勝以上をあげ、村山実と強力な2枚看板を形成した。（写真提供：共同通信社）

2年目に11勝、4年目に17勝と順調に成績を伸ばし、6年目にはついに24勝を挙げ、一流投手の仲間入りを果たす。

私がオールスター以外で対戦するようになったのは小山さんがパ・リーグに移籍してきた1964年以後である。村山の力感あふれるフォームとは対照的に、まるでキャッチボールでもするかのような力みのない、そして上体のブレがないフォームから、伸びのあるストレートを投げてきた。フォームがいいから、ストレートもカーブも制球力は抜群だった。

コントロールの良さでは稲尾和久と双璧だろう。しばしば制球力に優れた投手を「精密機械」「針の穴を通すコントロール」と表現するが、こうした言葉が当てはまるのは小山、稲尾の二人だけである。どちらか一人に軍配を上げるとすれば、私は稲尾に上げる。それでも無四球試合は小山さんの73に対し、稲尾は34。実働年数（小山21年、稲尾14年）が異なるため、単純な比較はできないのだが。

調べてみたら、1966年10月4日の西鉄対東京の試合で、二人が最少投球数の日本記録をつくっていることがわかった。稲尾75球、小山87球で合計162球。ともに完投している。今では考えられない球数である。

パ・リーグに来てからの小山さんはパームボールを効果的に使った。阪神時代、プロ6年目の頃から将来の球威の衰えを考えて、新しい球種を準備していたらしい。この用意周到さが移籍後1年目で30勝、さらには通算320勝につながった。両リーグ100勝（セ180勝、パ140勝）は前人未到の記録である。

【第三位―阪神の歴代最強投手】

村山実

長嶋を生涯のライバルとした「ミスタータイガース」

全身全霊で投げるフォームは当時の陸上長距離王者ザトペックの走りを想起させ、「ザトペック投法」の名がつけられた。1年目に18勝を挙げて沢村賞を獲得したが、新人王はルーキー最多の31本塁打を放った桑田武（大洋）に譲る。速球とフォークボールを武器にライバル長嶋茂雄と名勝負を繰り広げた。通算222勝は戦後の大卒投手1位。実働14年（1959～72年）、222勝147敗、防御率2・09、勝率・602。

村山とは一度バッテリーを組んだことがある。

1962年11月17日、日米親善野球のため来日したデトロイト・タイガースとの一戦だ。村山はすでにタイガース相手に一度登板しており、このときは自慢のストレートがメジャーリーガー相手に歯が立たず、KOを食らっていた。そこで、この試合は村山の要望もあって、変化球中心、とくに彼のウイニングショットであるフォークボールを多投する組み立てに変えた。

これが功を奏し、八回二死までノーヒットという快投を見せたのである。結局、九回を投げ切り、2安打完封。日米野球において日本人投手単独での完封劇はこれが初めてだった。

なお、ひと言つけ加えておくと、私も初回にセンターバックスクリーンに飛び込む本塁打を放ち、村山を援護している。

野茂英雄が海を渡ったのはそれから33年後。さらに佐々木主浩、斎藤隆、上原浩治、岩隈久志、田中将大ら、これまで多くの日本人投手がメジャーに挑戦して成功を収めてきたが、共通するのはフォークボールやスプリットといった落ちる球を持っていることだ。この日の村山の快投はそれを予言していたとも言えるだろう。

村山のフォークはコントロールの精度が高い上、シュートしながら落ちるものと、スライドしながら落ちるものがある。さらに真っすぐ落ちるフォークを加え、３種類。これを自在に操るのだから、相手打者は手を焼く。

村山とは手を比べたことがあるが、その大きさには驚かされた。身長は１７５センチだから、私と変わらない。しかし、私よりひと関節近く指が長い。落差の大きなフォークを投げられる秘密はここにあったのかと得心がいった。

もう一つ、村山という投手を語る上で忘れてならないのは巨人、とりわけ長嶋茂雄とのライバル関係だろう。

大学3年のとき、村山の関西大学は全日本大学野球選手権大会の決勝戦で長嶋を擁する立教大学に敗れた。村山自身は肺炎でマウンドに立てなかったとはいえ、高校３年のときに立教野球部のセレクションに落とされている村山の悔しさは想像がつく。さらに、プロ入りした１９５９年にはプロ野球史上初となる

1965年10月23日、阪神 - 大洋戦。9回裏2アウト、長田幸雄を三振に打ち取り、24勝目を挙げる村山実。この年、村山は39試合に登板（先発37試合、26完投、11完封）。25勝（13敗）防御率1.95の成績で沢村賞を獲得した。（写真提供：共同通信社）

天覧試合で長嶋にサヨナラ本塁打を浴びている。村山は亡くなるまで「あれはファウルだ」と主張したようだが、最近の流行り言葉に倣えば「持っている選手」か否かの差が出たとも言えようか。

以来、村山は長嶋を生涯のライバルとして自分のピッチングに精進したわけである。それほど大きくはない体を目いっぱい使って投げるダイナミックなフォームに、好敵手との幾多の名勝負が加わって、阪神ファンのハートを熱くした。彼が「ミスタータイガース」の名で愛されたのは通算222勝という成績、最多勝2回、最優秀防御率3回、沢村賞3回というタイトルからだけではなかった。

通算1500個目の奪三振と2000個目の奪三振は「長嶋から取る」と宣言し、見事に実行した。村山を見習ったのが江夏である。シーズン奪三振の日本タイ記録と新記録をともに王から奪っている。王から三振を奪って新記録を達成するために、王の打順が回るまでわざと三振を取らなかったのは有名な話だ。

これを「プロならでは」の心意気と称えるべきだろうか。

私に言わせれば、「チームの私物化」に過ぎない。チームの勝利より個人の記録を優先する姿勢をほかの選手はどう感じるだろうか。いい影響を与えるはずがない。村山、江夏というスーパーエース二人を擁しながら、当時の阪神が巨人の9連覇を阻止できなかった要因はこんなところにもあると私は思う。

伝え聞くところによると、晩年の村山は登板日を自分で決めていたらしい。たとえば、巨人のエース堀内恒夫などとの対戦を避け、自分が勝つ確率の高い投手相手の試合に登板したというのである。これではエースの名が泣く。

【第五位─阪神の歴代最強投手】

ジーン・バッキー

独特のクネクネ投法で外国人初の沢村賞

メジャーリーグの経験はなく、テスト生として年俸36万円で入団。日本の野球や言葉にすっかり慣れた1964年には29勝、投手タイトルを総なめにする活躍で阪神のリーグ優勝に貢献した。以後5年連続2ケタ勝利を記録。巨人の王への危険球に端を発した1968年の大乱闘劇は両チームが優勝争いの渦中にあったため、今も語り草である。実働8年（阪神〔1962〜68年、〔近鉄〕69年）、100勝80敗、防御率2・34、勝率・556。

190センチを超える長身をクネクネさせたような独特のフォームから、打者の手元で微妙に変化するクセ球を放るところに特長があった。スライダーに加え、ナックルボールを得意とし、日本で才能を開花させた投手である。

1964年、小山さんが抜けた後の阪神投手陣を支え、村山との二枚看板でリーグ優勝に貢献。29勝9敗、防御率1・89で投手部門の2冠に輝き、外国人投手としては史上初となる沢村賞を獲得した。ただし、巨人の王が前年に私が塗り替えた日本記録（52本塁打）を破る55本塁打を放った年でもあり、シーズンMVPはその王に譲った。

この年、阪神と日本シリーズで相まみえたのは、わが南海ホークスである。南海もスタンカがエース格であったため、「外国人シリーズ」とも呼ばれた。結果は4勝3敗で南海が日本一に輝いている。

実際に打席に立ってみて感じたバッキーの投球はどこにボールが来るかわからないという印象だった。つまり、頭の辺りにいつボールが来てもおかしくない、打者にはそんな恐怖感がつきまとうのだ。外国人投手にありがちなスタイルである。

恐怖が現実となり、騒動に発展したのが1968年9月18日の巨人戦だろう。第1打席で死球を受けた王の第2打席、1球目が頭上に、2球目が腰を引くほど厳しい内角に投じられた。王がバッキーに注意したのをきっかけに大乱闘に発展。バッキーは利き腕の右手親指を骨折し、選手生命を縮めることになってしまった。

しかし、当時のパ・リーグでは投手のビーンボールやそれに伴う乱闘騒ぎなどはしょっちゅうあった。さほど世間の話題にならなかったのは球場に閑古鳥が鳴き、マスコミに報道されることも少なかったからである。

【第六位—阪神の歴代最強投手】

小林繁

負けん気とプライドを支えた冷静な頭脳

一度上げた足を止める変則サイドスローで1976年から連続18勝を挙げ、長嶋巨人のリーグ連覇に貢献した。しかし1979年、コミッショナー裁定による江川卓とのトレードで阪神へ移籍。その怒りをマウンド上に託したような鬼気迫る投球で22勝、2度目の沢村賞を受賞した。なお、ラストシーズンの13勝ははからずも江川と同じ勝ち星。実働11年（［巨人］1973〜78年、［阪神］79〜83年）、139勝95敗17S（うち阪神で77勝）、防御率3・18、勝率・594。

女性のような細い体。どこかぎくしゃくしたアンダースロー。ワインドアップしながら左足を上げたところで一瞬動きがとまり、そこからあらためて力を加え、浮き上がるようなボールを投げ込んできた。故障がないのが不思議なくらいの変則投法である。

とくにストレートにスピードがあったというわけではない。カーブ、シンカー、フォークボールといった変化球の切れ味も平均点以上だが、私の目にはプロの投手として突出した威力は認められなかった。

彼の真価は、打者の内角を厳しく突く気迫とコントロールと駆け引きにあったと思う。きゃしゃな体を精一杯使って投げるピッチングスタイルには「熱投」「力投」という形容がよく似合った。顔に似合わぬ気性の激しさ、負けん気の強さがマウンド上でのオーラとなって発散されているようだった。変則的なフォームでありながら、本格派投手のような雰囲気で打者を圧倒したのである。こういうタイプは今も昔もあまりいない。

そのピークは「空白の一日」騒動で世間からのバッシングを浴びた江川との電撃トレードにより阪神に移籍した１９７９年だろう。22勝９敗で２度目の沢村賞を受賞。巨人戦での８連勝に野球ファンは彼のプライドを見た。この年が17完投、翌年は21完投。きゃしゃに見えて実はタフ。筋肉や関節は相当強かったのではないか。

１９８１年の巨人と日本ハムの日本シリーズの際、ラジオの解説をいっしょにしたことがある。そのとき思ったのは彼の頭脳。試合の流れを把握し、打者の狙い球を読み取る観察力に感心させられた。巨人打線のデータにも熟知していた。熱投を支える冷静さを持ち合わせていたのである。

それにしても30歳での引退は早すぎる。通算１３９勝。33歳で現役を退いた江川の勝ち星より４つ多い。

【第九章】

広島の歴代最強投手

球団名の変遷

●広島カープ（1950年～1967年）

●広島東洋カープ（1968年～）

赤ヘル黄金期を支えた投手王国

１９５０年代からしばらくの間、広島は万年Ｂクラスだった。その弱小球団を支えたのが「小さな大投手」長谷川良平さんである。

さらに長谷川さんの跡を継ぐようにエースの座についたのが大石清さんだ。１９５９年に広島入りすると9勝を挙げ、２年目には26勝13敗。この年から3年連続20勝以上の星を残した。打者の内角をえぐるシュートを武器に巨人キラーとしても名を馳せている。

チームが結成以来初の３位になったのは１９６８年。投手陣の柱となったのが21勝を挙げた外木場《そとこば》義郎《よしろう》だった。

その外木場に池谷公二郎らが加わった70年代、「赤ヘル軍団」の愛称は全国的に広まり、広島の第一期黄金時代が訪れる。初優勝の１９７５年、池谷は18勝を挙げると、翌年も20勝で最多勝と沢村賞を受賞。豪快なフォームから投じるストレートで巨人を相手に真っ向勝負した。この年は巨人から6勝を挙げ、そのうち完投勝利が４つあった。

80年代以降の赤ヘル黄金期を支えたのも投手陣だ。北別府学、大野豊、川口和久、川端順、津田恒美、佐々岡真司らが投手王国を形成する。

テスト生として入団した大野を除けば、いずれもドラフト1位指名の投手であり、広島スカウト陣の目と、チーム育成方針の確かさを思わせる。北別府、大野、川口、佐々岡はいずれも通算100勝以上を挙げた。大野、佐々岡に至ってはリリーフでも活躍し、ともに100セーブもマークしている。西武からの出戻りで、1984年にリリーフでありながら規定投球回数に達し、防御率1位に輝いた小林誠二もいた。

そして、「炎のストッパー」と呼ばれ、ファンに鮮烈な記憶を残したまま逝ったのが津田恒美である。器用でないところ、バカ正直なところがこの投手の持ち味というべきか、常に全力で闘志をむき出しにして打者に向かっていった。当時の最強打者ランディ・バースに対して全球ストレート勝負し3球三振に仕留めたピッチングをはじめ、ファンの心を熱くさせる快投を演じ、通算49勝41敗90セーブという数字だけでは見えてこない魅力があった。

結局、1993年にスタートしたFA制度とドラフトでの逆指名制度（2006年を最後に廃止）の弊害を最も被ったのが広島ではなかったか。

有力新人と年俸の高くなったベテランが資金力のある球団に集中する傾向が顕著となり、広島は川口、黒田博樹、大竹寛らエースだけでなく、野手の移籍も相次いだ。1991年を最後にリーグ優勝から遠ざかっているが、前田健太、野村祐輔、大瀬良大地ら若い好投手が揃い、投手王国復活の兆しはある。

野村が選ぶ「広島の歴代投手ベスト10」

1 長谷川良平 実働14年（1950～63年）
通 197勝208敗 防 2.65 勝 .486
広島黎明期の「小さな大投手」。弱かった広島打線をバックに8年で150勝到達。シーズンの球団勝ち星の5割以上を1人で稼いだこともあった。

2 北別府学 実働19年（1976～94年）
通 213勝141敗5S 防 3.67 勝 .602
20世紀最後の200勝投手。緻密なコントロールで広島黄金期をリードした。

3 外木場義郎 実働15年（1965～79年）
通 131勝138敗3S 防 2.88 勝 .487
戦後の投手では初の3度のノーヒットノーラン（うち完全試合が1つ）。

4 大野 豊 実働22年（1977～98年）
通 148勝100敗138S 防 2.90 勝 .597
社会人の軟式野球からプロ入り。先発・抑えで活躍し、100勝100Sを達成した。

5 前田健太 実働6年（2008年～）
通 71勝50敗 防 2.41 勝 .587
10年に史上最年少で投手3冠を獲得。その動向にはメジャーも注目。

6 黒田博樹 実働11年（1997～07年）
通 103勝89敗1S 防 3.69 勝 .536
150キロを超える速球で打者を抑え込む。ヤンキースでは主力として活躍。

7 川口和久 実働18年（広島1981～94年、巨人95～98年）
通 139勝135敗4S 防 3.38 勝 .507
84年の日米野球では、リプケン擁するオリオールズに完封勝利。広島で131勝。

8 佐々岡真司 実働18年（1990～07年）
通 138勝153敗106S 防 3.58 勝 .474
先発・抑えに活躍し、100勝100Sを達成。99年には中日戦でノーヒットノーラン。

9 池谷公二郎 実働12年（1974～85年）
通 103勝84敗10S 防 4.13 勝 .551
76年に20勝を挙げ、最多勝。真っ向勝負を好み、シーズン48の被本塁打記録も持つ。

10 津田恒実 実働10年（1982～91年）
通 49勝41敗90S 防 3.31 勝 .544
夭逝した「炎のストッパー」。強打者に直球勝負を挑むその姿は、鮮烈な印象を残した。

【第一位—広島の歴代最強投手】

長谷川良平

黎明期の広島を救った「小さな大投手」

広島が生んだ初代エース。打線の援護が少ない弱小チームにありながら8年目に150勝を突破。ダブルヘッダーの第1試合で完投負けすると、頭から水をかぶって第2試合に先発し完投勝利を収めたとの逸話もある。広島一筋だが、郷里愛知に本拠を置く中日への移籍話が持ち上がったことも。ファンの熱い残留コールで移籍を思いとどまった。実働14年（1950〜63年）、197勝208敗、防御率2・65、勝率・486。

２０１１年のヤクルト石川雅規の通算１００勝達成を伝える報道に懐かしい名前を見つけた。長谷川良平さんである。記事を読むと、通算１００勝達成者は１２８人目だが、身長１６０センチ台で達成したのは、長谷川良平さんと石川だけなのだという。

長谷川さんの身長・体重は公称１６７センチ、56キロ。私の記憶のなかではもっと小さかった気がする。リーグが違ったので公式戦での対戦はないが、オープン戦で何度か当たった。

１９５０年代の南海は毎年、呉で春のキャンプを行っており、オープン戦の最初の試合は広島球場を本拠地とする広島と行うことが多かったのだ。

そこで見る長谷川さんのピッチングは実に小気味よかった。

身体のバネが並外れているのだろう。ややサイド気味のフォームから、ヒジではなく下半身のひねりで投げるシュートに抜群の威力があった。入団テストではレギュラーバッターを相手に打撃投手を務め、次々にバットをへし折ったという逸話もある。当時の石本秀一監督は採用を即決したそうだ。この打者の懐をえぐるような強力なシュートに加え、ストレートにもキレがあった。これをテンポ良く放り込んでくる。

小さいからといって打者をかわすのではなく、力でねじ伏せるようなピッチングスタイルには敵ながら惚れ惚れするものがあった。

1年目からいきなり15勝を挙げ、以後8年連続で2ケタ勝利。この間、20勝を4度もマークし、1955年には30勝17敗で最多勝のタイトルを獲得した。通算で完投試合は213を数え、38完封を記録している。現役14年間で通算勝利数は200にわずかに届かなかったが、これは広島という弱小球団、要するに弱体打線をバックに挙げた成績であることを考えると、あっぱれな数字である。

当時の広島がどのくらい弱いチームであったかを説明するには、プロ野球史をひもときながら説明しなければならない。

広島は核となる親会社を持たず、自治体や地元企業が中心となって結成された球団である。創設1年目の1950年の成績は41勝96敗。首位から59ゲーム差の勝率・299。東北楽天の創設1年目の勝率・281（首位から51・5ゲーム差）とどっこいどっこいだ。

1962年、呉でキャンプ中の長谷川良平。8年連続2ケタ勝利（20勝以上が4度、30勝が1度）を挙げるなど、弱かった広島を支えた。引退後は監督、投手コーチとして安仁屋宗八や外木場義郎らを育成。2006年に76歳で死去。（写真提供：朝日新聞社）

2年目の1951年には、開幕前に行われたセ・リーグの代表者会議で「3割を切った球団はどこかと合併させる」という申し合わせがなされる。

当時は7球団で、奇数のままでは試合を組む上でのロスが生じてしまうため、機構側は早く球団削減に踏み切りたかったのだ。そのターゲットが広島であったのは明らかである。当時の広島は選手の給料や遠征費にも事欠くほど資金難に苦しんでおり、市民に呼びかけて募金が行われるほどだった。

しかし、この年、広島は32勝64敗、勝率・333で、なんとか合併を免れることができた。32勝のうち、17勝（14敗）は長谷川さん。チームの勝ち星の5割以上を挙げたことになる。長谷川さんがいなければ、今日の広島はなかったかもしれないのだ。ちなみに翌年、勝率3割を切ってしまった松竹は大洋との合併を余儀なくされた。この年も広島は勝率・316と、かろうじて3割を超えることができた。

球団創設以来、広島投手陣の勝ち頭はずっと長谷川さんだった。1950年から8年間で挙げた154勝はチームの勝利数の4割以上に達している。

ところで、当時、広島と国鉄という万年Bクラス同士のカードで評判になったのが金田正一さんと長谷川さんの投げ合いである。167センチの長谷川さんが、184センチの金田さんと互角に渡り合ったのだから、広島ファンはさぞや痛快だっただろう。

最多勝に輝いた1955年は最終戦のダブルヘッダーで連投している。第1試合に9回2失点で負けると、第2試合で延長14回サヨナラ勝ち。リリーフで8イニングを投げた長谷川さんが勝ち投手になり、巨人の大友工さんと並んだ。これがチーム史上初の個人タイトルだった。

【第二位─広島の歴代最強投手】

北別府学

赤ヘル全盛期を代表する「精密機械」

3年目に10勝を挙げると11年連続2ケタ勝利。15勝以上を5度記録するなど広島の黄金期を支えた。精密なコントロールでカーブ、スライダー、シュートを駆使して打者を翻弄。引退後、スポーツバラエティ『筋肉番付』（TBS）の名物企画「ストラックアウト」で2度の完全制覇を達成し、高い制球力を証明した。20世紀最後の200勝投手。実働19年（1976〜94年）、213勝141敗5S、防御率3・67、勝率・602。

1980年代以降の投手で「精密機械」の異名をとったのが北別府だ。そして、広島でただ一人200勝を達成した投手でもある。

球種はストレート、カーブ、スライダー、シュート。どれも目を見張るほどの威力はなかったが、どんなボールでもほしいときにストライクを取れるコントロールの精度があった。なかでもベースの角をよぎるスライダーの制球には定評があった。

プロ入り後すぐにスピードでは他の投手にかなわないことを悟り、コントロールで勝負できる投手になることを目指したというから、その選択は正しかった。どんなに速いストレートがあっても、制球力なしに２００勝以上した投手はいない。

通算での与四球率は１・90だから、１試合に２つと四球を出していない計算になる。この数字は名球会投手のなかで小山さんや稲尾の１・80と遜色ない。

それでも私から見ると、小山さんや稲尾の域には達していないという印象だ。しかも通算防御率３・67は名球会投手のなかでは野茂英雄（３・86、※日米通算）に次いで悪い。野茂は、日本時代は３・15なので、実質的には北別府がワーストという見方もできる。

防御率が悪い要因の一つは長打を食らうことが多かったからだろう。通算被本塁打３８０は金田さんを抜いてセ・リーグ最多記録（金田さんの通算投球回数は北別府の約２倍）。球威がそれほどないため、コントロールミスは命取りになる。

北別府の在籍期間中に、広島はリーグ優勝５回、日本一３回を数える。優勝したシーズンはいずれも２ケタの勝ち星を挙げており、この間合計71勝32敗と、エースの働きをした。とくに１９８６年は18勝４敗、防御率２・43で、シーズンＭＶＰと沢村賞をダブル受賞。ただし、５度の日本シリーズで１勝も挙げていないのは寂しい。

1992年7月16日、対中日ドラゴンズ15回戦（ナゴヤ球場）に先発し、8回1失点で通算200勝をあげ、観客席の声援に応える北別府学。通算200勝は球団初。史上22人目（当時）、プロ入りから17年目の快挙だった。（写真提供：共同通信社）

【第三位―広島の歴代最強投手】

外木場義郎

ノーヒットノーラン3回の偉業達成

プロ初勝利をノーヒットノーランで飾り、その3年後に完全試合、さらにその4年後にまたノーヒットノーラン。通算勝利は131だが、ファンに強烈な印象を残した。1975年の広島初優勝時はMVPを獲得。阪急との日本シリーズは広島の0勝4敗2分に終わったが、2つの引き分けは外木場によるもの。第4戦は延長13回、200球を投げ抜いた。実働15年（1965～79年）、131勝138敗3S、防御率2・88、勝率・487。

1972年4月29日、外木場はこの年8連覇を達成した巨人を相手に3度目のノーヒットノーランを達成した。3度のノーヒットノーランは伝説の投手、沢村栄治さんに次ぐもので、戦後の投手としては初めて。沢村さんは3度ともノーヒットノーランだが、外木場は完全試合1度を含んでいるから、内容的には上だと言っていい。

デビューした1965年にいきなり快挙をやってのけた。それもプロ入り2試合目の登板、初勝利がノーヒットノーランだった。わずか1四球の準完全試合。阪神が誇るエース、村山と投げ合って2対0で勝っている。22年後に中日の近藤真一がプロ初登板で記録するまで、プロ野球史上最速でのノーヒット

1968年の外木場義郎。この年、安仁屋宗八とともに先発2本柱に指名された外木場は21勝をあげ、防御率1.94で最優秀防御率を獲得。9月14日の大洋戦では、セ・リーグタイ記録の16三振を奪い、完全試合も達成している。（写真提供：共同通信社）

ノーラン達成だった。

試合後、記者から記録がまぐれであるようなことを言われて、「何なら、もう一度やってみましょうか」と言い返したらしい。投手に必要な気の強さを伝えるエピソードだ。そして、それを実際にやってしまったわけである。

ただし、ヒジの故障などもあって最初の3年間はノーヒットノーランを含め4勝しかしていない。4年目の1968年に21勝し、防御率1・94（1位）。この年、完全試合も成し遂げた。それも16奪三振のセ・リーグタイ記録も加えた圧巻の内容だった。

球種はストレート、カーブ、シュート。私の印象ではとくにカーブに見るべきものがあった。どろんとしたカーブではなく、曲がりの鋭い、今で言うところのパワーカーブ。シュートも威力十分で、阪神時代の田淵幸一に与えた頭部への死球もシュートだった。ちなみに、これを機に考案され、やがて義務付けられるようになったのが側頭部を守るための耳あて付ヘルメットである。

外木場は1975年、広島が初優勝したときも堂々のエースとして活躍した。自身2度目となる20勝を挙げ、最多勝に輝いている。

【第四位―広島の歴代最強投手】

大野豊

抑えと先発で投手王国を支えた左腕

社会人時代の軟式野球を経て、広島にテスト入団。1年目の防御率135・00の悔しさをバネに3年目はストッパー江夏につなぐセットアッパーとして58試合に登板、日本一に貢献した。1984年に先発に転向すると、1988年には防御率1位と沢村賞に輝いた。1991年には再び抑えに回り、自己最多の26セーブをマーク。43歳まで現役を続けた。実働22年（1977〜98年）、148勝100敗138S、防御率2・90、勝率・597。

南海から広島にトレードされた江夏が目をかけ、投手としてのイロハを指導した相手が大野だった。同じ左腕で名前も「豊」、ともに母子家庭に育ったことなどから、古葉竹識《こばたけし》監督に教育係を買って出たらしい。それは大野の威力あるストレートを評価し、将来的には抑え役に育てようと考えていた古葉監督の思惑とも一致した。

江夏が広島を去った1981年、早速、大野はその後釜としてストッパーを任される。しかし、この時期の大野は十分な結果を残せていない。ストレートは速く、フォークボールもベースの手前でワンバウンドしてしまうほどのキレがあった。一つ一つのボールに威力はあるのだが、試合終盤の緊迫した場面ではその力を発揮できなかった。真面目すぎるのか、江夏のように相手打者を呑んでかかるような胆力がない。もう一つ、右打者の外角低めに投げきるコントロールがない。この「原点能力」の低さも江夏との相違点だった。

ちょうど私が解説者としてバックネット裏から野球を見始めた頃で、大野は先発に転向すべきだと週刊誌の連載で提言したことがある。ストッパーには北別府。ストレートの威力は大野には遠く及ばないが、あれだけの制球力があれば短いイニングは十分抑えられると考えたのだ。

結局、北別府の抑え転向はなかったが、大野は１９８４年に先発へ転向。以後、先発投手として4度の2ケタ勝利を挙げて、１９８８年には13勝7敗、防御率１・70で、最優秀防御率のタイトルと沢村賞を獲得した。

この頃になると原点能力にも磨きがかかり、「七色の変化球」とも言われた多彩な球種を投げ分けるようになっていた。その後、先発投手としてのスタミナの問題なのか、抑え不在のお家事情なのか、再びクローザーを任され、１９９１年に最優秀救援投手にも輝いた。そこにはかつての弱気な大野の姿はなかった。

【第五位―広島の歴代最強投手】

前田健太

メジャーも注目する史上最年少の沢村賞投手

プロ2年目の2008年に前年引退の佐々岡真司からエースナンバー「18」を引き継ぎ、2010年には史上最年少での投手三冠（最多勝、最優秀防御率、最多奪三振）と沢村賞を受賞。150キロを超えるストレート、多彩な変化球、制球力、スタミナ、守備力など投手としての総合力に秀でた球界屈指のエース。第3回WBCでの活躍が記憶に新しい。実働6年（2008年～）、71勝50敗、防御率2・41、勝率・587（※2013年まで）。

前田健太がエースとしての意地とプライドを見せたのが、日本代表が3連覇を目指した2013年のWBCだった。

聞けば、キャンプイン当初は肩痛に苦しみ、大量の鎮痛剤を服用して投げ込みを行い、肩をつくったらしい。そこまで無理をして、なんとかWBCの開幕に間に合わせた。中国、オランダ、プエルトリコと3試合に先発し、計15イニングを投げて2勝1敗、18奪三振、防御率0・60。大会のベストナインにも選ばれるなどメジャー関係者の評価も高かった。

もう一人の先発の柱として期待された楽天の田中将大が調子を上げられずに終わったため、前田の株は一気に上昇した。

田中とは同学年。プロ1年目からローテーションに入った田中に対し、2年目に初登板。4年目の2010年には最多勝、最優秀防御率、最多奪三振のセ・リーグの投手三冠を独占し、沢村賞も獲得している。沢村賞は田中より1年早い、史上最年少での受賞だ。

最速150キロを超えるストレートを軸に、カーブ、スライダー、ツーシーム、チェンジアップを投げるが、私は大きく縦に割れるカーブに魅力を感じる。いわゆる昔のドロップだ。ゆったりしたフォームも金田正一さんや堀内恒夫らに通じる昭和のエースのたたずまいがある。今はフォークボールやカットボール、ツーシームが全盛だが、前田のようなカーブはもっと見直されていい。速球と曲がりの大きなカーブで緩急をつけることは打者のタイミングを外す基本だ。

マウンドさばきにも風格が出てきた。練習に取り組む真面目な姿勢、謙虚なマスコミ対応は田中と同じで、好感が持てる。「チームの鑑でなければならない」というエースの条件を満たしていると言っていい。

しかし、そんな前田も田中を追うように近い将来、メジャーを目指すらしい。また一人、日本の好投手が海を渡るのか……。

【第十章】

中日の歴代最強投手

球団名の変遷

●名古屋軍（1936年～1943年）

●産業軍（1944年）

●中部日本（1946年）

●中部日本ドラゴンズ（1947年）

●中日ドラゴンズ（1948年～1950年）

●名古屋ドラゴンズ（1951年～1953年）

●中日ドラゴンズ（1954年～）

リリーフとサウスポーに好投手を輩出

歴代の中日の好投手を並べて見ると、ある系譜があることに気づく。一つはストッパーやセットアッパーに数多くの人材を輩出してきたことである。

星野仙一が最多セーブのタイトルに輝いて以来、鈴木孝政、小松辰雄、牛島和彦、郭源治《かくげんじ》、宣銅烈《ソンドンヨル》、エディ・ギャラード、岩瀬仁紀らが歴代のストッパーとして活躍した。セットアッパーには落合英二、岡本真也、浅尾拓也らがいる。星野、鈴木、小松、郭は先発、抑えの両方で結果を残したという共通点もある。

当然、優勝したシーズンには彼らの貢献が大だった。

１９７４年の星野、１９８２年の牛島、１９８８年の郭、１９９９年の宣。落合が監督になってからの5度のリーグ優勝ではセットアッパーから昇格した岩瀬の安定した仕事ぶりが際立つ。その岩瀬は9年連続30セーブの日本記録を樹立し、通算セーブ数は４００に達しようとしている。横浜の佐々木主浩とともに球史に名を刻むリリーフ投手と言えよう。

中日のもう一つの系譜は左腕投手である。

もちろん、杉下茂や権藤博の時代に始まり、近年の川上憲伸、吉見一起まで右の本格派投手は多い。小川健太郎、三沢淳などの下手投げの好投手もいるし、先に列挙したリリーフ投手も岩瀬以外は全員が右である。しかし、それでも私は左の好投手に目が行く。松本幸行《ゆきつら》、山本昌、今中慎二、野口茂樹、チェン・ウェイン……。

松本は1974年、中日が20年ぶりに優勝したときの20勝投手である。前年に阪神の江夏が延長ノーヒットノーランを達成しているが、このとき投げ合った相手が松本だった。「ちぎっては投げ」の典型的な投手で、投球間隔の短さはプロ野球史上屈指だろう。

山本、今中は沢村賞受賞者であり、野口は1999年に優勝したときのシーズンMVPに輝いている。この3投手とは、私が監督時代に戦った相手だけに印象が強いのかもしれない。なかでも切れのある快速球とスローカーブで勝負する今中は近年少なくなった本格派の左腕だった。肩の故障で短命だったのが惜しまれる。

また、巨人戦でプロ野球史上初となる初登板ノーヒットノーランの快挙をやってのけた近藤真一も野球ファンの記憶に残るサウスポーだろう。

左腕ではないが、印象度という点で山井大介の名前も挙げておかなければなるまい。2007年の日本ハムとの日本シリーズ第5戦。8回までパーフェクトの快投を演じながら、落合監督は9回に、ストッパーの岩瀬をマウンドに送った。私ならヒットを1本打たれるまでは間違いなく山井に続投させている。

野村が選ぶ「中日の歴代投手ベスト10」

1　杉下 茂　実働11年（中日1949～58年、大毎61年）
通 215勝123敗　防 2.23　勝 .636
日本球界におけるフォークボールのパイオニア。剛速球と驚異的な落差のフォークボールで、6年連続20勝以上、6度の防御率1点台を記録。中日の大エース。

2　権藤 博　実働5年（1961～63年、64年、68年　※投手として）
通 82勝60敗　防 2.69　勝 .577
先発、リリーフに大車輪の活躍、その登板頻度は「権藤、権藤、雨、権藤」とも称された。

3　小松辰雄　実働17年（1978～94年）
通 122勝102敗50S　防 3.44　勝 .545
150キロを連発した「スピードガンの申し子」。85年には投手三冠で沢村賞を獲得。

4　山本 昌　実働27年（1986年～）
通 218勝164敗5S　防 3.45　勝 .571
50歳を目前に現役続行中。近年の記録づくめの投球から「投げる球団記録」とも。

5　今中慎二　実働12年（1989年～2001年）
通 91勝69敗5S　防 3.15　勝 .569
キレのある直球とスローカーブで打者を抑えた。ケガに泣いた悲運のエース。

6　川上憲伸　実働13年（1998～08年、12年～）
通 116勝74敗1S　防 3.21　勝 .600
力のあるカットボールで00年代のエースとして活躍。メジャーを経て12年に復帰。

7　岩瀬仁紀　実働15年（1999年～）
通 53勝41敗382S　防 2.03　勝 .564
入団以来15年連続で50試合以上登板の鉄腕。382S（～2013年）はプロ野球記録。

8　星野仙一　実働14年（1969～82年）
通 146勝121敗34S　防 3.60　勝 .547
気迫を前面に押し出す投球で、巨人戦に無類の強さ。阪神戦も得意だった。

9　鈴木孝政　実働17年（1973～89年）
通 124勝94敗96S　防 3.49　勝 .569
150キロ超の快速球で、75～77年にはリリーフ専業ながら規定投球回に達する活躍。

10　郭 源治　実働16年（1982～96年）
通 106勝106敗116S　防 3.22　勝 .500
気迫あふれる投球スタイルで、先発・抑えに活躍。87、88年に2年連続最多セーブ。

【第一位――中日の歴代最強投手】

杉下茂

「打撃の神様」を翻弄した「フォークボールの神様」

日本初のフォークボーラーとして知られ、驚異的な落差のフォークボールと剛速球で一世を風靡した。社会人野球を経由し23歳でプロ入りすると、2年目からエースとして活躍。6年連続20勝を記録し、防御率1点台が6度。1954年には最多勝、最優秀防御率に輝き、チームを19年目にして初の日本一に導いた。MVPと沢村賞もダブル受賞。実働11年（［中日］1949〜58年、［大毎］61年）、215勝123敗（うち中日で211勝）、防御率2・23、勝率・636。

リーグが違ったこともあって、全盛時の杉下さんと対戦したことはなかったと思う。ひょっとするとオープン戦で対戦機会があったかもしれないが、記憶にない。

杉下さんは一度引退し、2シーズンの中日監督を経て再び現役に復帰している。1961年に大毎で1シーズンだけ投げたが、もはや往年の球威はなく、話に聞いていたフォークボールの威力もこの目で確かめることはできなかった。

年齢は私よりちょうど10歳上。私がテスト生として南海に入団したときにはすでに雲の上の存在だった。それでもプロ入りした1954年、まだ二軍暮らしだった私は杉下さんが投げた日本シリーズを鮮明に憶えている。

この年、杉下さんは32勝12敗、防御率1・39というエースと呼ぶにふさわしい成績を残した。驚くのは400イニング近くを投げて被本塁打が9本しかないことだ。金田さんも稲尾も、400イニング前後を投げた年は2ケタ本塁打を喫している。いかに杉下さんのフォークが打ちづらいボールだったかがわかる。

杉下さんの中日が日本シリーズで戦ったのは三原脩監督率いる西鉄だった。戦前の予想では圧倒的に西鉄有利。豊田泰光、大下弘、中西太、関口清治らが並ぶ西鉄の強力打線を前に、中日は1勝できればいいのではないかと私も考えていた。

ところが、結果は中日の4勝3敗。見事だったのが杉下さんの投球だ。

杉下さんは7試合のうち5試合に投げて4完投、3勝1敗という驚異の活躍でシリーズMVPを獲得した。これは西鉄が3連敗の後に4連勝した1958年の日本シリーズで6試合に登板（4完投）して4勝を挙げた稲尾や、1959年に4連投4連勝をやってのけた南海・杉浦忠の快挙にも匹敵する。

私には西鉄の強打者連中が手も足も出なかった光景が衝撃だった。プロ野球選手としての格の違いを感じた。

「プロ野球にはとんでもないボールを投げる投手がいる」

そう思わせる一人が杉下さんだった。

記録によれば、この年、レギュラーシーズンで杉下さんは国鉄スワローズの金田さんと5度に渡って投

杉下茂の投球フォーム（1953年）。豪速球と魔球フォークボールで打者を牛耳り、中日時代の10年間で211勝をマーク。1954年の西鉄との日本シリーズでは7試合中5試合に登板（うち4完投）し、球団初のシリーズMVPを獲得した。（写真提供：共同通信社）

げ合い、すべて勝っている。翌1955年5月10日の国鉄戦では1対0のスコアでノーヒットノーランを達成。相手投手はやはり金田さんだった。シーズン26勝12敗で、防御率1・56。この年で6年連続の20勝となった。

今と違って、当時は日本にフォークボールを投げる投手は杉下さん以外に存在せず、魔球という言葉がぴったりだったのだろうと思う。1951年、巨人の川上さんらと渡米し、サンフランシスコ・シールズのキャンプに特別参加した際には、アメリカ人捕手が杉下さんのフォークを捕れないため、投球禁止になったという。察するところ、杉下さんのフォークはナックルのような無回転のボールではなかったか。

杉下さんには軍隊時代に手榴弾投げの競技で肩が自然に鍛えられたという逸話がある。その効果なのか、テレビで見る杉下さんはストレートも速かった。カーブもある。投球の組み立てはストレート中心。シーズン中はフォークをここぞという場面でしか投げず、打者はいつくるかわからないフォークに身構えるうちに、速いストレートで打ち取られたようだ。

そんな杉下さんの標的となったのが、巨人の川上哲治さんである。本人が「夢に杉下が出てくる」と語るほど杉下さんのフォークに悩まされ、「捕手が捕れないボールを、打者が打てるはずがない」というギブアップ宣言まで飛び出した。ボールが止まって見えたという「打撃の神様」をここまで翻弄したのは杉下さんくらいだろう。

現役生活は11年と短い。しかし、中身は濃い。沢村賞受賞は史上最多タイの3回。215勝を挙げ、勝率は6割を大きく超える。中日が生んだ最強のエースだ。

【第二位―中日の歴代最強投手】

権藤博

今も語り継がれる「権藤、権藤、雨、権藤」

「権藤、権藤、雨、権藤」は当時を知らない野球ファンも聞いたことのある有名なフレーズ。入団1年目に69試合（うち先発44試合）に登板し、35勝を挙げたが、これはチーム勝利数のほぼ半分だった。翌年も30勝。ストレートは球団史上最速との評価もある。2年間の酷使により肩やヒジは蝕まれ、3年目以降、成績は一気に失速した。実働5年（1961～63、64、68年　※投手として）、82勝60敗、防御率2・69、勝率・577。

活躍した期間は短くても、その輝きの眩さでファンの脳裏に刻まれたエースがプロ野球界には何人もいる。阪神の西村一孔、南海の宅和本司、阪急の山口高志……。その最たる投手が権藤博だろう。

高校卒業後、ノンプロを経たため、プロ入りは22歳のとき。そして、デビューした1961年にいきなり69試合に登板する。シーズン130試合制だから、そのうちの半分以上の試合に投げたわけである。もちろん、リリーフ専門ではない。

内容がまた凄まじい。35勝19敗、投球回数429回3分の2、完投32、完封12、防御率1・70、奪三振310。投球回数と勝利数は新人投手の最多記録で、この先これを破る投手が現れるとは思えない。無四球試合も8つあり、制球力にも優れていた。

しかし、権藤がこれだけ投げ、勝ち星を重ねても、この年の中日は巨人とのマッチレースに敗れた。中日が72勝56敗2引分、勝率・562。巨人が71勝53敗6引分、勝率・569。わずか7厘及ばなかった。毎日のように登板する権藤を評して「権藤、権藤、雨、権藤」の有名な流行語も生まれたが、これが嘘でないのは調べればすぐにわかる。この年、7月前半の梅雨の時期、中日は権藤しか先発していないのだ。

7月5日　権藤　国鉄戦に先発して完封勝利
6日　雨
7日　移動日
8日　権藤　広島戦に先発して2失点完投勝利
9日　雨
10日　移動日
11日　権藤　巨人戦に先発して5回2失点で負け投手
12日　雨
13日　雨
14日　移動日
15日　権藤　阪神戦に先発して5回4失点（自責点2）で負け投手

1963（昭和 38）年の権藤博。入団初年度から「権藤、権藤、雨、権藤」と称された獅子奮迅の活躍で 35 勝をマーク。日本プロ野球の新人最多勝記録を樹立し、沢村賞をはじめ、数々のタイトルを獲得した。翌年も 30 勝を挙げるが、酷使がたたり 3 年目から成績が急落。その太く短い球歴は、プロ野球ファンに鮮烈な印象を残した。（写真提供：朝日新聞社）

雨と移動日を挟んでいるとはいえ、今では考えられない起用だ。この年は4連投が4度、ダブルヘッダーの連投（つまり1日2試合登板）が3度ある。

2年目も61試合に登板し、30勝17敗。2年連続で最多勝のタイトルを獲得した。しかし、デビュー2年間が権藤の野球人生のピークでもあった。この時代のエースの常とは言え、登板過多なのは誰が見ても明らか。ヒジや肩を故障し、投手生命は実質的には4年で終わっている。

5年目に野手に転向し、1967年には100試合以上に出場。この年セ・リーグ最多となる27犠打を記録している。

ノンプロ時代から同じ九州出身の稲尾に憧れ、投球フォームも真似たのだという。確かに、右の軸足が爪先立ちするくらいに伸び上がり、一瞬身体が浮くようなモーションは稲尾を思わせる。しかし、オールスター戦で間近に見た印象は稲尾よりダイナミックだった。

ノンプロ時代には陸上競技にも誘われたこともあるらしく、バネを効かせたフォームから繰り出される快速球の威力には運動能力の高さを感じさせられた。低めに投げ下ろした球がホップするようにも見えた。球種としてはほかに大きく縦に落ちるカーブと2年目から投げたスライダーがあった。

金田さんや江夏と同様、自分の投げるボールに絶対的な自信を持つ典型的な投手タイプの性格で、酒豪としても知られる。監督になってからも豪快な野球を好み、選手に対しては放任主義を貫いた。私とはすべてに対照的な野球人である。

【第三位―中日の歴代最強投手】

小松辰雄

19歳で150キロを連発した「スピードガンの申し子」

150キロ台の剛速球を連発する投球で打者を圧倒し、プロ2年目からリリーフで活躍。折しも導入されたばかりのスピードガンの球速表示が観客を沸かせた。1983年に先発に転向し、エースに成長。1985年には最多勝、最優秀防御率、最多奪三振の三冠を手にして沢村賞に輝いた。1987年も17勝を挙げ、最多勝。リーグ最多の6完封が光る。実働17年（1978～94年）、122勝102敗50S、防御率3・44、勝率・545。

杉下さん、権藤といった30勝投手がつけて以来、中日のエースナンバーは「20」となった。これを継承したのが星野であり、小松である。さらに宣銅烈、中田賢一らに受け継がれていった。2014年、中田のソフトバンク移籍にともない「20」は空き番号となったわけだが、それは日本人エースの不在を意味する。

小松については、私も星稜高校時代から「何年かに一人の逸材」ではないかと思って、注目していた。速い球を投げられる、足が速いというのは天賦の才であり、これだけはいくら練習に励んだところで身につけられるものではない。南海でプレーイングマネージャーをしていた頃、球団に小松のドラフト指名を進言したこともあったが、ドラフト会議が行われる前に私のほうがクビになってしまった。

小松が一軍に定着したのはプロ2年目の1979年。ちょうど各球場にスピードガンが設置されるようになった時期で、150キロ以上の快速球を連発する小松の存在はそれだけで話題になった。観客もスピード表示に沸いた。最速は154キロ。

しかし、ストレートの威力はスピードガンだけで計測できるものではないし、投手はスピード表示を気にしすぎると調子を崩し、故障につながる。小松もこの年、右ヒジを痛め二軍落ちを経験している。同時期に活躍した速球派に江川がいるが、スピード表示は小松のほうが格段に上。しかし奪三振は江川のほうが多かった。どんなに速いストレートがあっても狙ったコースに投げられなければ、プロの打者から三振を奪うのは難しい。

小松の投球が円熟期を迎えたのはプロ8年目の26歳のとき。17勝8敗1セーブ、防御率2・65で最優秀防御率のタイトルと沢村賞を獲得した。しかし、通算122勝は彼の資質の大きさを思うと少なすぎる。

【第四位―中日の歴代最強投手】

山本昌

40歳を過ぎても球速が増した「中年の星」

史上最年長となる41歳1カ月でノーヒットノーラン、42歳にして完投勝利で通算200勝を達成。50歳を目前に今なお現役続行中である。プロ入り後しばらくは伸び悩んでいたが、アメリカ留学でスクリューボールを習得してから覚醒。1990年代に3度の最多勝に輝くなど、チームのエースとして活躍した。「球の遅い一流投手」とも言われる。実働27年（1986年〜）、218勝164敗5S、防御率3・45、勝率・571（※2013年まで）。

私の現役生活は26年。45歳までプレーした。しかし、私のずっと上を行くのが、山本昌である。プロ入りは1983年だから、31年前。捕手と投手というポジションの違いがあるから単純に比較できないが、49歳になってもまだ現役を続けられるとは……。

長らく通算最多勝の球団記録は杉下さんの211勝（ほかに大毎で4勝）だったが、山本昌によって2012年に塗り替えられた。

契約更改の報道を見る限り、落合博満GMは50歳まで現役続行を保証しているらしい。いずれにしても球団の理解がなければ、自分の意思だけでこの年までプレーはできまい。

球歴を見ると、決して順風満帆だったわけではなく、アメリカへの野球留学をきっかけに才能を開花させている。とくに山本昌の代名詞ともなったスクリューボールやスローカーブの習得が大きかったようだ。

全盛期と言えるのは90年代で、3度の最多勝を受賞。ちょうど私がヤクルトで監督をしていた時期で、何度も対戦している。

手も足も出ないというピッチングをするわけではない。打者が「そのうち打てるだろう」と思っているうちに回がどんどん進み、気がつけば試合に負けていたという投球をするタイプだ。打者心理を読んで駆け引きをするのに長け、ボール球で打ち取るコツを心得ている。もちろん、こうしたピッチングが可能なのは制球力に優れているから。

驚くのは35歳を過ぎてからも2ケタ勝利を5度記録していることだ。ノーヒットノーラン達成も41歳のときである。詳しいことは知らないが、科学的なトレーニングによる肉体改造で20代の頃より球速は増し、40歳を過ぎてから140キロ台のストレートを投げられるようになったそうだ。野球への情熱と探求心には頭が下がる。

【第八位―中日の歴代最強投手】

星野仙一

巨人、阪神戦以外でなぜ勝てなかったのか

巨人に裏切られる形で中日入団。打倒巨人に闘志を燃やし、巨人戦は10連勝を含む通算35勝31敗と勝ち越した。エースの座を不動のものとしたのは、チームの勝ち頭となる16勝を挙げた1973年。翌年は初代セーブ王に輝き、チームをリーグ優勝に導くとともに自身も沢村賞受賞。マウンド度胸とスライダーでかわす頭脳的ピッチングが持ち味。実働14年(1969~82年)、146勝121敗34S、防御率3・60、勝率・547。

村山実、江夏豊、平松政次ら巨人戦になると目の色を変えて投げた投手は少なくないが、これほど闘志を前面に出して巨人に向かっていった投手はいない。東京六大学リーグで活躍し、巨人入りを熱望していたが、ドラフトで巨人が高校生の島野修を指名したため、巨人に裏切られたと思ったらしい。このとき芽生えた反骨精神が「打倒巨人」の心意気となり、「燃える男」の誕生に至ったというところか。

巨人戦における通算成績は35勝31敗。この数字は金田正一さん(65勝)、平松政次(51勝)、山本昌(40勝)、村山実(39勝)、杉下茂さん(38勝)に次ぎ、歴代6位である。

そんな星野の現役時代の頂点が巨人の10連覇を阻止した1974年だろう。15勝9敗10セーブで、沢村

巨人、阪神戦で無類の強さを発揮した、星野仙一（写真提供：毎日新聞社）

賞と初代の最多セーブのタイトルを獲得している。ただし、ロッテとの日本シリーズでは3度のリリーフに失敗し、チームは2勝4敗で敗れた。

ストレートは取り立てて速いというわけではない。いわゆるボールの出どころがわかりづらいフォームだった。スライダー、フォークも投げたが、彼のピッチングの真価は王、長嶋といった強打者の内角に思い切ってボールを投げきれるコントロールにあった。加えて、マウンドで見せる気迫と気合。ときに吼え、ガッツポーズも見せるパフォーマンスで打者を圧倒した。阪神相手にも36勝を挙げており、巨人戦での勝ち星を合わせれば、通算146勝のうちの半分近くを稼いでいる。

なぜ、他球団にも同じピッチングができなかったのか。私にはその落差がひっかかる。全国放送されるような注目度の高い試合でなければ、気分が乗らなかったのか。だとしたら、単なる目立ちたがり屋だ。監督として使いづらい投手と言わざるを得ない。

【第十一章】
大洋～DeNAの歴代最強投手

球団名の変遷
- 大洋ホエールズ（1950 ～ 52年）
- 大洋松竹ロビンス（1953年）
- 洋松ロビンス（1954年）
- 大洋ホエールズ（1955年～ 1977年）
- 横浜大洋ホエールズ（1978年～ 1992年）
- 横浜ベイスターズ（1993年～ 2011年）
- 横浜DeNAベイスターズ（2012年～）

三原マジックで輝いた１９６０年の投手陣

私が大洋というチームに関心を持つようになったのは三原脩さんが監督に就任した１９６０年からだ。三原さんは前年まで西鉄の監督を務め、３連覇を含む４度のリーグ優勝を成し遂げ、私のいた南海の前に大きく立ちはだかった。その三原監督が万年最下位の大洋をどんなチームに変えるのか、興味は尽きなかった。

案の定、三原監督は偵察メンバーやワンポイントリリーフなどの奇策を自在に使い、敵チームを攪乱した。ピンチで左打者を迎えると、エースの秋山登さんに外野を守らせ、左投手を起用。打ち取ると、再び秋山さんをマウンドに戻したこともある。

私がさすがだと思ったのは権藤正利さんの再生だ。権藤さんは高卒後いきなり15勝を挙げて新人王も獲得したサウスポーだが、３年目の１９５５年から１９５７年にかけて28連敗。もちろん今もプロ野球記録である。１９６０年、一度は引退を表明した権藤さんを説得し、三原監督がリリーフに転向させると、12勝５敗、防御率１・42の活躍で前年最下位からの初優勝に貢献した。

この年、秋山さんとともに先発投手陣の柱となったのが島田源太郎である。１９５８年にテスト生として入団。三原監督に開幕から先発ローテーションに抜擢されると、19勝10敗、防御率２・29。成績もさることながら、史上最年少（20歳11カ月）での完全試合達成が光る。「三原マジック」による前年最下位からの奇跡の日本一に鮮やかな色を添えた。

その後、大洋は長期低迷期に入るのだが、70年代にエースの座に君臨したのが平松政次である。カミソリシュートで巨人の長嶋ら強打者をきりきり舞いさせた。

80年代を支えたのが二人の大卒投手、斉藤明夫と遠藤一彦だ。斉藤については後述するが、ともに先発と抑えの両方をこなした。

手足の長い遠藤のフォームは誰が見ても美しく、快速球と高速フォークを武器に1982年から7年連続2ケタ勝利。1983年には12連勝を含む18勝9敗3セーブの成績で、沢村賞を受賞した。この年は斉藤も22セーブで最多セーブのタイトルを獲得。関根潤三監督の下、チームはAクラス入りを果たしている。

なお、球団誕生から60年以上が経過し、チーム名は何度も変わってきたが、沢村賞を受賞したのは平松と遠藤しかいない。

ここに、このチームがずっと優勝から遠ざかっている原因がある。38年ぶりの日本一となった1998年には斎藤隆、野村、三浦大輔と3人の2ケタ勝利投手が生まれているが、チームの快進撃を支えたのは「マシンガン打線」と呼ばれた攻撃陣と佐々木主浩《ささきかづひろ》という強力なストッパーの存在だった。ドラフト戦略を含め、先発投手陣の整備こそチーム再建の近道である。

野村が選ぶ「大洋～DeNAの歴代投手ベスト10」

1 平松政次
実働18年（1967～84年）
通 201勝196敗16S　防 3.31　勝 .506
高速で鋭く曲がる伝家の宝刀「カミソリシュート」を武器に、セ・リーグを代表するエースとして長く活躍。巨人戦、とりわけ長嶋茂雄に強かった。

2 佐々木主浩
実働12年（1990～99年、04～05年）
通 43勝38敗252S　防 2.41　勝 .530
剛速球とフォークボールで9回に君臨した「ハマの大魔神」。メジャーでも活躍。

3 秋山 登
実働12年（1956～67年）
通 193勝171敗　防 2.60　勝 .530
入団から9年連続2ケタ勝利、50試合登板。横手投げからシュートにキレがあった。

4 遠藤一彦
実働15年（1978～92年）
通 134勝128敗58S　防 3.49　勝 .511
80年代の大洋のエース。切れ味するどいフォークは「稲妻フォーク」の異名をとった。

5 斉藤明夫
実働17年（1977～93年）
通 128勝125敗133S　防 3.52　勝 .506
先発・リリーフで活躍。打者心理をついた投球術で、史上3人目の100勝100Sを達成。

6 三浦大輔
実働22年（1992年～）
通 161勝169敗　防 3.56　勝 .488
リーゼントヘアがトレードマークの横浜の顔。40歳を超えても第一線で活躍。

7 権藤正利
実働21年（大洋1953～63年、東映64年、阪神65～73年）
通 117勝154敗　防 2.78　勝 .432
縦に割れるドロップで新人王に。通算防御率は3点未満も勝ち星に恵まれなかった。

8 斎藤 隆
実働14年（大洋・横浜1992～05年、楽天13年～）
通 90勝80敗52S　防 3.77　勝 .529
大魔神・佐々木と同じ東北福祉大の出身。07年にはドジャースで39Sを挙げた。

9 島田源太郎
実働15年（1958～1973年）
通 70勝77敗　防 3.18　勝 .476
60年の阪神戦で史上最年少（20歳11ヶ月）の完全試合を達成。同年、19勝を挙げた。

10 高橋重行
実働16年（1964～80年）
通 121勝135敗8S　防 3.41　勝 .473
ストレートとカーブ、そして超スローボールが武器。阪神戦に滅法強かった。

【第一位―大洋〜DeNAの歴代最強投手】

平松政次

長嶋も悩ませたカミソリシュートの切れ味

センバツ優勝投手の勲章を引っさげての入団だったが、2年間は期待に応える成績を残せなかった。3年目の1969年、右打者の内角ギリギリを突く「カミソリシュート」をマスターしてブレイク。この年から12年連続2ケタ勝利を挙げるなど、セ・リーグを代表するエースとして長く活躍した。とりわけ巨人キラー、長嶋キラーとして知られる。実働18年（1967〜84年）、201勝196敗16S、防御率3・31、勝率・506。

「平松のシュートをどう打とうかと考え始めると、夜も寝ていられない。夜中に起きてバットの素ぶりをした」

こんな長嶋茂雄のコメントがマスコミを賑わしたことがあった。

事実、平松は長嶋を通算181打数35安打、8本塁打、打率・193と抑え込み、この間には25打数連続無安打もあった。長嶋と100打席以上対戦した投手は33人を数えるが、1割台に抑えているのは平松しかいない。長嶋にしてみれば平松はまさしく天敵だった。

もともと平松は巨人ファン、それも長嶋に憧れていたという。1966年のドラフトでは巨人から1位指名の確約を受けながら、夢かなわず、2位指名された大洋に翌年の夏入団。1年目に背番号「3」を自分で希望してつけたくらいだから、憧れの度合いがわかろうというものだ（2年目から背番号は「27」に変更）。その平松がやがて長嶋の天敵となり、巨人キラーへと成長するところにプロ野球らしいドラマがある。巨人戦の通算成績は51勝47敗。金田さんの65勝に次ぎ、歴代2位だが、金田さんは72敗と負け越しているから、平松の成績には価値がある。

しかも平松がいた頃の大洋は万年Bクラスの弱小球団であり、一方の巨人は王、長嶋を擁した9連覇の時期にあたる。その活躍は孤軍奮闘の感がする。

世代的に近かった巨人の堀内恒夫（平松と同学年）、阪神の江夏豊（平松より1学年下）とともに70年代のはじめにはセ・リーグの若手三羽烏とも称されたものだが、平松だけが優勝の美酒を味わうことなく現役生活を終えている。

平松のシュートは「カミソリシュート」の異名があるほどで、曲がりが鋭い上に、大きい。右打者の胸元に当たったにもかかわらず、ストライクをコールされたこともあったらしい。バットが根元から折られることもしばしばだった。

オールスターゲームで対戦した私の経験から言うと、曲がりの軌道は左投手が投げる高速スライダーに近いだろうか。ちょうど中日の岩瀬仁紀や巨人の山口哲也が投げるスライダーのような曲がり方をしながら、右打者の内角に食い込んでくると想像してもらえばいい。これは右打者にとって脅威だ。長嶋でなくても嫌なボールである。

1967年9月28日、巨人を4安打完封し、2勝目を挙げた新人時代の平松政次（後楽園球場)。対巨人、とりわけ対長嶋茂雄に闘志を燃やし、巨人戦で通算51勝（47敗）を挙げた。2014年10月現在、球団唯一の200勝投手。(写真提供：共同通信社)

私は常々「一つでも秀でたものがある」ことがプロの投手として生きていく上での第一条件であると言ってきた。金田正一さんや江夏豊のストレート、村田兆治のフォークボールなどがそうであり、平松のシュートもこれに相当する。打者はシュートが来るとわかって待っても、なかなか打てない。それだけの威力があった。

しかし、平松がシュートをマスターしたのはプロに入ってからである。

高校は岡山東商。センバツ甲子園で39イニング無失点の記録を樹立するなどして優勝している。社会人に進んでからも日本石油のエースとしてチームを優勝に導き、MVPにあたる橋戸賞を獲得。ずっと野球の表街道を歩んできた。

プロ1年目は途中入団だったこともあり、3勝（2完封）に終わった。しかし、期待された2年目も5勝12敗。シュートを覚えたのはこの頃らしい。打撃練習で投げてみたところ予想以上に曲がったため、「これは使える」と判断し、磨きをかけたのだ。それまでシュートは1球も投げたことはなかったという。

ユニークなのはシュートの投げ方で、平松はボールの縫い目には指をかけず、手首やヒジをひねらない。左肩の開きを一瞬早くして、右腕を遅らせるのだという。骨格や肩の可動域などの違いもあり、誰でも真似できるテクニックではないだろう。

このウイニングショットを手にした効果で、3年目に14勝12敗、4年目には25勝を挙げ、防御率1・95で沢村賞と最多勝を受賞。1980年まで12年連続2ケタ勝利を記録した。一つの球種との出会いが野球人生を変えた典型的なケースである。

【第二位─大洋〜DeNAの歴代最強投手】

佐々木主浩

数種類のフォークを投げ分けた「ハマの大魔神」

「2階から落ちてくる」とも言われた落差の大きなフォークボールと剛速球で最優秀救援投手に5度輝く通称「ハマの大魔神」。横浜を38年ぶりの優勝に導いた1998年は45セーブを稼ぎ、22試合連続セーブの日本記録も樹立した。マリナーズ移籍後も当時のメジャー新人記録の37セーブを挙げるなど、4年間ではあったが確かな足跡を残した。実働12年（1990〜99、2004〜05）、43勝38敗252S（メジャーでは129S）、防御率2・41、勝率・530。

投手分業制の確立といっても、江夏がストッパーを務めた時代は2イニング、3イニングを投げるのが当たり前だった。メジャーのようにクローザーが原則として勝ち試合における1イニングに限られるようになったのは、1990年代後半からではなかったか。その嚆矢《こうし》ともいえる存在が佐々木主浩である。

佐々木も本格的に抑えを任されるようになったプロ2年目の1991年は58試合に登板し、117イニングを投げている。それが1998年、横浜が38年ぶりに日本一になったときは51試合に登板し、56イニングしか投げていない。

この年の佐々木にはどの球団も手も足も出なかった。防御率0・64という驚異的な数字がそれを如実に示している。

佐々木といえば落差の大きなフォークボールと、150キロを超えるストレート。コントロールも思いのほか良く、1998年は与えた四球がわずか1個しかない。こんな投手が9回1イニングしか投げないのだから、鬼に金棒である。1イニングならストレートの球威が落ちることもないし、握力が落ちてフォークが抜けてしまう心配もない。圧倒的な力でもって打者をねじ伏せることができたのだ。

松井秀喜も佐々木とは27回対戦して、2本しかヒットを打っていない。巨人監督時代の長嶋は当時、「ベイには8回までに勝ち越さないとダメだ」とコメントし、9回に佐々木が出てくる展開になったら、勝ち目はないと白旗を上げていた。ヤクルト監督だった私にしても佐々木攻略の有効な手立てがあったわけではない。

ID野球を掲げて戦う私に対して、佐々木は「データなんて関係ない」と異を唱えたこともある。私は反論しようと思わなかった。なぜなら、佐々木くらいの力があれば、データなどに頼る必要がないからである。

しかし、そんな佐々木もメジャーに行って考えを改めたらしい。メジャーには佐々木クラスのストレートを投げる投手はゴロゴロいる。打者のパワーは日本選手とケタ違いだし、フォークについても徹底的に研究し、対応してくる。それだけの技術と力を持った一流打者が多いということだ。佐々木がデータの重要性に目覚めても不思議ではない。

今のメジャーは日本以上に情報戦が盛んだ。各球団とも選手のデータを収集・分析する専門の会社を利

1998年10月17日、西武との日本シリーズ第1戦で力投する佐々木主浩。この年、佐々木は自己最多となる45Sを記録。シーズン防御率は0.64と抜群の安定感を誇り、球団38年ぶりの日本一に大きく貢献した。（写真提供：共同通信社）

用しているとも聞く。佐々木もメジャーで生き残るにはこうした緻密なデータを活用せざるを得なかったのだろう。

それでも佐々木がメジャーでストッパーの座につき、日本時代と変わらぬペースでセーブを稼いだのは評価したい。防御率は少し下がったが、1年目に37セーブをマークし、新人王を獲得。メジャー史上最速となる通算160試合目での100セーブ達成という快挙もある。

2004年から再び日本でプレーし、2年で23セーブを積み上げ、日米通算381セーブ。中日の岩瀬仁紀に抜かれるまでは日本記録だった。

さて、佐々木の生命線ともいうべきフォークボールだが、1種類ではない。村山と同様に、シュートしながら落ちるフォークと、スライダーのように変化するフォークがあった。ストライクをとるための落差の小さなフォークと、ワンバウンドするほど大きく変化するフォークも投げ分けていた。

さらに、佐々木の著書を読むと、投球モーションの途中、腕を後ろに引いてトップの位置にもってくるまでの間にストレートの握りをフォークの握りに変える高等テクニックも駆使していたことがわかる。相手球団に球種を読まれないための配慮とはいえ、杉下茂さんを始祖とする魔球はここまで進化したのかと感心した。

190センチの巨体が悠然とマウンドに仁王立ちしている姿にも存在感があった。日本のプロ野球史上、守護神という呼び方が最も似合った投手である。

【第三位――大洋～DeNAの歴代最強投手】

秋山登

奇跡の優勝に貢献した元祖カミソリシュート

サイドスローからの速球、シュートの威力は抜群で、大学時代に1試合22奪三振のリーグ記録を樹立。プロ1年目の1956年、25勝を挙げて新人王。デビューから9年連続で2ケタ勝利、50試合登板を記録したタフネスを誇る。チーム初のリーグ優勝、日本一を遂げた1960年は20勝をマークしMVP。限界説が囁かれた1964年にも21勝を挙げた。実働12年（1956～67年）、193勝171敗、防御率2・60、勝率・530。

平松の高校の先輩にして、カミソリシュートの元祖である。通算193勝で惜しくも200勝には届かなかったが、南海の杉浦忠とともに昭和30年代を代表するサイドスローと言っていい。ストレート、シュート、そして1度空中で止まったようにブレーキがかかるカーブも素晴らしかった。

デビューした1956年に25勝25敗で新人王に輝いたが、気になるのは負け数。

しかし、この年の大洋がチーム打率・208だったことを考えれば、いたし方ない。たとえば、プロ2試合目の広島戦では8回二死までノーヒットノーランに抑えながら、小鶴誠さんにホームランを打たれ、わずか1安打で敗戦投手になっている。また、この年の大洋の成績は43勝87敗だから、秋山さんの勝ち星

1960 年、大毎との日本シリーズで好投し、捕手の土井淳と握手する秋山（写真：共同通信社）

はチーム全体の5割以上を占めている。しかも対巨人戦の4勝すべてが秋山さんによるものだった。

デビューから9年連続50試合以上に登板し、この間、20勝が6回。身長180センチ、体重69キロの細い体ながら無類のスタミナの持ち主で、戦後ただ一人の2日連続完封勝ちの記録もある（1962年）。あるいはダブルヘッダーの第1試合に先発、第2試合にリリーフするなどしての「1日2勝」を5回も記録している。

秋山さんにとっての集大成と言えるシーズンが1960年だ。「三原マジック」で知られる三原脩監督が就任し、大洋は前年の最下位から奇跡の優勝を遂げた。33試合もの1点差勝利は投手陣の力であり、その中心にいたのが秋山さんだ。21勝10敗、防御率1・75でMVPを獲得。日本シリーズも4連投して2勝を挙げた。

秋山さんのボールを受け続けたのが強肩で鳴らした土井淳さん。岡山東商、明治大学、大洋と18年に渡ってバッテリーを組んだ。これも珍しい。

【第五位―大洋～DeNAの歴代最強投手】

斉藤明夫

ロングリリーフも厭わず、最優秀防御率に輝く

制球力と打者心理を読んだ配球で、先発でもリリーフでも安定した成績を残した。通算100勝100セーブ以上を達成しているのは斉藤を含め史上6人。本格的にリリーフに転向した1982年には当時日本記録の30セーブをマークし、リリーフ投手としては異例の最優秀防御率に輝く。川崎球場時代に入団し、横浜時代までプレーした唯一の選手。実働17年（1977～93年）、128勝125敗133S、防御率3・52、勝率・506。2010年からは「斎藤明雄」の名前で活動。

チームが低迷した80年代に先発とリリーフの両方で活躍した投手である。ファンから「ヒゲの斉藤」で親しまれた。

ドラフト1位で入団して4年間は先発、5年目にリリーフに転向すると、12年目に先発に再転向した。ちょうど私が現役を退いて、ネット裏から野球を見るようになった1981年がリリーフで投げ始めた最初の年だ。その印象が強いせいか、先発、リリーフのどちらに適性があったかと言えば、明らかにリリーフだったように思う。

デビューの年に8勝を挙げ新人王を獲得した。半分の4勝が巨人からだったところが高く評価されたようだ。翌年には16勝（15敗）を挙げながら、最多勝争いでは同僚の野村収《おさむ》（17勝11敗）にタイトルを譲っている。

しかし、特別ストレートが速いわけではない。打者が嫌がる荒れ球タイプでもない。カーブも並み。先発すればそこそこ打たれ、防御率は4点前後。だから、勝ちと負けの数が拮抗する。ストッパーに転向する前年（1980年）の14勝17敗もそんなシーズンだった。

斉藤のセールスポイントはコントロールと度胸の良さ。ピンチでも大胆に、思い切った攻めの投球ができる。個人の記録よりチームを優先するだけの責任感もある。連投もきく。こうした資質がリリーフという適所を得て開花した。同じ打者と3度、4度と対戦する先発より、短いイニングに集中して投げるほうが性格的にも合ったのではないか。

2度の最優秀救援投手に輝き、開幕から抑えに転向した1年目（1982年）には30セーブを挙げ、当時の日本記録を樹立した。しかも、この年は規定投球回数にも到達し、2・07で防御率のタイトルまで獲得してしまった。斉藤のように長いイニングを投げるストッパーはもう二度と出て来ないだろう。

【第六位—大洋～DeNAの歴代最強投手】

三浦大輔

巨人戦の大きな負け越しがなければ……

中継ぎでの好投が認められ、先発ローテーションに定着したのは4年目の1995年から。翌年には投手陣の柱として12勝を挙げ、38年ぶりの日本一に貢献した。その後も最優秀防御率、最多奪三振、アテネ五輪代表、通算3000投球回数などの実績を築き、チームの顔へと成長。リーゼントヘアがトレードマークで、愛称は「ハマの番長」。実働22年（1992年～）、161勝169敗、防御率3・56、勝率・488（※2013年まで）。

興味本位で名球会に入っている選手全員の血液型を調べてみたところ、O型とB型が圧倒的に多く、日本人に最も多いとされるA型はあまりいないことがわかった。

ちなみに私はB型。ほかに金田正一さん、稲尾和久、野茂英雄、長嶋茂雄、張本勲、清原和博、古田敦也といったところがB型である。私はさておき、個性的な一流選手が多いのだ。

実は三浦大輔もB型である。だから、彼も一流だとか、名球会に入れるだろうなどと安請け合いするつもりはない。2013年までに22年間で161勝。負け数のほうが8つも上回っているのが気に入らない。しかも巨人戦には通算12勝32敗と大きく負け越し、逆に阪神戦には滅法強く、45勝24敗と勝ち越している。

この差は極端に過ぎる。

それでも三浦を評価しようという気になったのは、たまたま見たテレビ番組での発言だった。春のキャンプでは外角低めのストレートでストライクをとれることを念頭に、投球のバランスを確かめながら投げ込みをするというのだ。

これは私が常日頃から言っている「原点能力」を磨くことに他ならない。投手の原点とは外角低めの直球。その制球力の高さこそ一流の投手に共通するものだ。

三浦はとくに速くないストレートを中心に、スライダー、フォークボール、カットボール、カーブなどで配球を組み立てる技巧派投手だ。コントロールの良さにも定評があり、1試合あたりの与四球率は2・43。これは200勝投手のなかでは東尾修（2・43）と同レベルで、球団の先輩・平松（2・65）を上回る。2007年には、その平松が持っていた球団記録を更新する35イニング連続無失点も達成している。

球威不足をコントロールでカバーしながら、原点能力を武器にどこまで200勝に近づくのか、注目したい。

【第十二章】

国鉄～ヤクルトの歴代最強投手

球団名の変遷

●国鉄スワローズ（1950年～1965年5月9日）

●サンケイスワローズ（1965年5月10日～同年末）

●サンケイアトムズ（1966年～1968年）

●アトムズ（1969年）

●ヤクルトアトムズ（1970年～1973年）

●ヤクルトスワローズ（1974年～2005年）

●東京ヤクルトスワローズ（2006年～）

4度の優勝を支えた私の教え子たち

ヤクルトの前身である国鉄はセ・パ2リーグ制がスタートした1950年に誕生しているが、長らく金田正一《かねだまさいち》さんのワンマンチームだった。それくらい突出した成績を残している。

在籍15年間で通算353勝、14年連続20勝、最多勝3回、最優秀防御率3回、最多奪三振10回、沢村賞3回。こんなスーパーエースがいながらチームは低迷し、15年間でAクラスに入ったことは1度（1961年の3位）しかない。

金田さんが巨人に移籍した後、エースを失った球団は親会社が変わり、チーム名も変わるが、弱いのは変わらなかった。初優勝は広岡達朗監督が指揮を執った1978年。

この頃のエースだったのが松岡弘《まつおかひろむ》である。ボールはめっぽう速かった。プロ6年目には21勝を挙げ、優勝した年も16勝。日本シリーズでは第2戦に先発して勝利すると、第4、5戦ではリリーフでセーブを挙げ、優勝のかかった第7戦では強打の阪急打線を完封。エースらしい働きでチームを日本一に導いた。

松岡と同時期に活躍した技巧派左腕が安田猛だ。打者をなめたようなスローボールを抜群のコントロールで巧みに操り、「世界の王」も翻弄。5度の2ケタ勝利を記録し、最優秀防御率のタイトルにも2度輝いている。なかなか味のあるピッチャーだった。

その後、ヤクルトは再び優勝から遠ざかり、私が監督に就任したのが1989年のオフだった。考えたのは守り重視、つまり投手を中心としたチームづくりである。

当然、ドラフトは投手優先の補強となった。1年目は野茂英雄を逃したが、西村龍次を獲った。2年目の1位指名は岡林洋一(3位で高津臣吾)、3年目が石井一久、4年目が伊藤智仁、5年目が山部太。こうしてドラフトで獲得したピッチャーたちが私の在任した9年間に活躍し、4度のリーグ優勝、3度の日本一という成績を支えてくれた。

なかでも岡林洋一は思い出深い。1991年に新人ながらストッパーを務め、翌年は先発と抑えでフル回転。15勝10敗はチームの勝ち頭であり、ヤクルト14年ぶりのリーグ優勝の立役者となった。西武との日本シリーズでもストレートとスライダーのコンビネーションに加え、どろんとしたカーブが有効だった。第1、4、7戦に完投し、防御率1・50。延長戦が2試合あったため、投球回数は30に達した。これは1959年の南海・杉浦以来だそうだ。しかし、結果は1勝2敗。ヤクルトも3勝4敗で敗れた。

残念なことに翌年は肩の故障で戦線を離脱した。その後、規定投球回数に到達したのは1シーズンしかない。

しかし、あの年の岡林は本当に頼もしかった。黙々と投げ続ける姿が今も脳裏に浮かぶ。

野村が選ぶ「国鉄～ヤクルトの歴代投手ベスト10」

1 金田正一 実働20年（国鉄1950～64年、巨人65～69年）
通 400勝298敗 防 2.34 勝 .573
日本球界唯一の400勝投手。弱小球団だった国鉄時代に353勝を挙げる。160キロ近いストレートと強烈な曲がりのカーブで一時代を築いた。

2 伊藤智仁 実働7年（1993年、96～01年）
通 37勝27敗25S 防 2.31 勝 .578
プロ野球史に残るスライダーの使い手。度重なるケガが惜しまれる。

3 石井一久 実働18年（ヤクルト1992～01年、06～07年、西武08～13年）
通 143勝103敗1S 防 3.63 勝 .581
左腕から投じる快速球とカーブでリーグを代表するエースに。メジャーでも活躍。

4 松岡 弘 実働18年（1968～85年）
通 191勝190敗41S 防 3.33 勝 .501
78年には16勝を挙げ、球団初のリーグ優勝・日本一に貢献。エースとして長年活躍。

5 高津臣吾 実働15年（1991～03年、06～07年）
通 36勝46敗286S 防 3.20 勝 .439
代名詞ともなったシンカーで、球界を代表するストッパーに。メジャーでも27S。

6 岡林洋一 実働8年（1991～00年）
通 53勝39敗12S 防 3.51 勝 .576
92年の日本シリーズでは３試合に完投。その力投はファンに鮮烈な印象を残した。

7 川崎憲次郎 実働12年（ヤクルト1989～00、中日04年）
通 88勝81敗2S 防 3.69 勝 .521
度重なるケガに苦しむもシュートを覚えて復活。98年には最多勝と沢村賞を獲得した。

8 石川雅規 実働12年（2002年～）
通 121勝110敗 防 3.67 勝 .524
プロ通算12年で９度の２ケタ勝利。多彩な球種を投げ分け、打たせて取るピッチング。

9 尾花高夫 実働14年（1978～91年）
通 112勝135敗29S 防 3.82 勝 .453
松岡弘の後のエースとして活躍。引退後は野村監督のもとコーチとして投手陣を再生。

10 伊東昭光 実働12年（1986～98年）
通 87勝76敗21S 防 4.01 勝 .534
88年にリリーフで18勝を挙げ、最多勝獲得。先発・リリーフで活躍した。

【第一位――国鉄～ヤクルトの歴代最強投手】

金田正一

「天皇」と呼ばれた永久不滅の400勝投手

高校を3年夏に中退。いきなり一軍デビューを果たし、翌年から14年連続20勝。1957年の中日戦では9回、ハーフスイングを巡り43分中断しながら、残り2人を3球三振に斬って完全試合を達成した。巨人との開幕戦で新人の長嶋茂雄を4連続三振に抑えた1958年、史上最年少の24歳で通算200勝に到達。日本球界唯一の400勝投手である。実働20年（［国鉄］1950～64年、［巨人］65～69年）、400勝298敗（うち国鉄で353勝）防御率2・34、勝率・573。

どこかの週刊誌で、現役時代のストレートの球速を聞かれ、「180キロは出ていたんじゃないか」とうそぶいたらしい。スピードガンなどなかった時代だから好き放題言えるわけだが、さすがにこれは金田さんらしいホラ話と受け取るべきだ。

しかし、速かったのは歴然とした事実である。実際にオールスターゲームで対戦したことのある私の感覚では、160キロは出ていたように思う。左腕投手でこれだけ速かったのは江夏だけだ。阪急の梶本隆夫も速かったが、金田、江夏の2人にはかなわない。

長野の地方球場でこんなこともあった。対戦相手の阪神の金田正泰さんがあまりの速さに驚き、「マウンドが近すぎるんじゃないか」とクレームをつけたのだ。審判も同様に思ったらしく、試合を中断して、マウンドのプレートからホームベースまでの距離をメジャーで計測したというからおかしい。もちろん、その距離は18・44メートルとルール通り。こういう話を聞くと、今の若い人も金田さんのストレートを少しは想像できるのではないか。

高校時代は甲子園の出場経験もない。ただし、ストレートの速さは地元で評判となっていたようで、国鉄の初代監督だった西垣徳雄さんに声をかけられると、高校3年で学校を中退してプロ入り。ちょうどセ・パ2リーグ制がスタートした1950年のことだ。まだ18歳。8月から登板し始め、8勝を挙げている。先の阪神戦での計測事件があったのもこの年である。

球は群を抜いて速いが、コントロールはない。デビューの年は与えた四球（127）と奪った三振（143）の数が変わらない。この傾向は2年目以降も続いている。3年連続で与四球も奪三振もリーグトップ。典型的な「三振か、四球か」の荒っぽい投手だった。にもかかわらず2年目から連続20勝がスタートし、阪神戦では18歳35日の史上最年少でのノーヒットノーランを達成。調子がいいときは手がつけられないピッチングをしたものと思われる。

年度別成績を見る限り、制球が安定するのは7年目の1956年頃か。それまで100を超えていた与四球が2ケタになっている。ちょうど私がキャッチャーとしてレギュラーになった時期で、この頃からオールスターゲームで対戦する機会を得るようになる。金田さんのボールをナマで見られるようになった

日本プロ野球史上、唯一の400勝投手である金田正一。国鉄時代は「天皇」と称されるなど豪放磊落で奔放なイメージがあるが、実は自己管理を徹底し、科学的なトレーニングを取り入れるなど、現代野球の先駆者的な存在でもあった。（写真提供：共同通信社）

わけだ。

私が目を瞠ったのはストレートの速さだけではない。カーブにもビックリさせられた。金田さん自身が「10年かかってものにした」と自慢する魔球であり、初めて打席で見たときは「どうすればこんな軌道のボールを打てるのか」と当惑した。

金田さんのカーブは、昔風に言えばドロップ。縦に大きく曲がる。ただし、通常のドロップのようにドロンと曲がり落ちるのではなく、バッターの近くまで来てギュギュッと急激に落ちる。それも顔のあたりから落ちてくるため、バッターはどうしても「高い」と思ってしまう。ところが、審判の判定はストライクなのである。

ベンチから見ていると、金田さんのカーブがベースを通過するときはボールゾーン近辺にあるのがよくわかった。だから、パ・リーグの選手はみなヤジったものだ。

「審判、高いよ！　ボールじゃないか」

しかし、これを「ストライク」とコールさせるところに金田さんのカーブの威力があった。急角度で曲がったボールは、キャッチャーがど真ん中に構えたミットにピタッとおさまるのである。だから、審判もついつい右手を挙げてしまう。

バッターにしてみれば、黙って見送るしかない。対戦を重ねれば少しは目も慣れるだろうが、初めて顔を合わせたら、十中八九、ストライクのカーブを見逃すはずだ。加えて抜群に速いストレートがある。カーブを気にすればストレートにも手が出ない。私がまさにそうだった。

しかし、この金田さんを相手にして初対戦で思い切りバットを振っていった男がいた。長嶋茂雄である。１９５８年の開幕戦。金田さんが長嶋との初対決で４打席連続三振に斬ったのはあまりに有名な話だ。野球ファンなら一度は耳にしたことはあるだろう。だが、重要なのは三振の中身である。当時、私は二人の対決が気になり、大阪球場で開幕戦を戦いながら、ベンチ裏で巨人対国鉄の試合経過をチェックしていた関係者から打席の結果を逐一聞いていた。三振は予想通りだった。ただ一つ気になることがあったので、試合後に尋ねたのである。

「どうせ全部、見逃しの三振だったんやろ？」

確かめてもらったところ、すべて空振りの三振だという。これには驚いた。あの金田さんのボールを臆することなく振りにいったのである。内心、「凄い新人が現れた」と思った。同じことを金田さんも感じたらしい。

14年連続20勝は徹底した自己管理の賜物

金田さんは当時のFA制度とも言うべき10年選手の特権を使って、１９６４年のオフに巨人へと移籍した。「ONをバックに投げたい」というのがその理由だったが、金田さんといえども巨人ブランドの魅力には抗えなかったのか。

移籍1年目のケガもあって、巨人時代の5年間の成績は47勝31敗。国鉄時代の面影はない。しかし、国鉄では経験できなかった日本一を5度も味わうことができた。日本シリーズでは通算6勝3敗（3完投）の成績を残している。

金田さんは巨人に成績以上のものを残した。徹底した体調管理である。入団早々の宮崎キャンプでは旅館に何十箱ものダンボールに入った荷物を持ち込んだ。なかに入っているのは炊事道具、布団、枕などの生活道具やミネラルウォーターなど。旅館の食事には一切手をつけず、近くの生鮮市場で購入した最高の食材を使って、特製の鍋料理をつくった。

ふだんから左手を冷やすことを避け、重いものは絶対に持たない。車の専用運転手を雇ったのも金田さんが球界初である。キャンプの段階から練習もチームとは別メニューだった。何よりも走り込みを重視し、これに付き合わされた若手選手はたいへんだったようだ。言ってしまえば、わがまま。しかし、あの時代にこれだけ自分の流儀を貫き、自分の肉体への投資を惜しまなかった選手はいない。

江夏も金田さんくらい自己管理ができていれば、もっと長く先発投手を続けられたはずだ。とてつもない記録を残していたかもしれない。

金田さんの国鉄時代のニックネームは「金田天皇」。4回までに味方が大量リードすると自ら登板を志願し、人の勝ち星を奪うワンマンぶりは歴代監督も制御できなかった。どうやら20勝すると、球団から特別ボーナスが出る契約だったらしい。だから20勝にこだわった。

そんな悪い噂を抜きにしても、たいしたピッチャーだった。通算400勝、365完投、通算4490奪三振、14年連続20勝……。金田さんの不滅の記録を挙げ始めたらきりがない。

【第二位―国鉄〜ヤクルトの歴代最強投手】

伊藤智仁

高速スライダーで快刀乱麻のピッチング

社会人時代、バルセロナ五輪で日本の銅メダル獲得に貢献。ヤクルトでは1年目の前半戦を7勝2敗、防御率0・91。故障で離脱したが、松井秀喜を抑えて新人王を獲得した。実働わずか3カ月。高速スライダーを軸とした圧倒的投球はファンに強烈なインパクトを与えた。2年のブランクを経て1996年にリリーフで復帰し、翌年カムバック賞受賞。実働7年（1993年、96〜2001年）、37勝27敗25S、防御率2・31、勝率・578。

伊藤智仁は私がヤクルトの監督をしていた時代に出会った最強のエースである。彼とは縁もあったのだと思う。

1992年のドラフト会議における最大の目玉は松井秀喜だった。ヤクルトのスカウト陣も「10年に一人の逸材。将来の四番候補として指名するべきです」と強くプッシュしてきた。一方、よくよく話を聞くと、伊藤智仁に対する評価もかなり高い。私はこう考えた。

「四番打者なら外国人でカバーできる。しかし、真のエース候補とはめったに出会えない」

結局、私はスカウトの反対を押し切り、伊藤の指名に踏み切った。伊藤にはヤクルト以外に広島、オリックスと3球団が名乗りを上げたが、当たりくじをつかんだのは私だった。思わず、身震いしたのを今も憶えている。

春のキャンプで見た伊藤は予想に違わぬレベルの投手だった。手が長いピッチャー体型なのがまずい。真っすぐのスピードと伸びも、評判の高速スライダーも申し分ない。一見おとなしそうに見えるが、話をすると内に秘めた闘志が伝わってくる。

4月20日に阪神戦で初先発し、7回2失点、10個の三振を奪って勝ち投手になると、ここからまさに快刀乱麻のピッチングが始まった。

7月4日の巨人戦後、右ヒジ痛で戦線離脱するまでに14試合に先発し、7勝2敗（5完投、4完封）、防御率0・91。109イニングを投げて奪った三振は126個。1試合あたりの奪三振数は実に10・40になる。この3カ月という短い期間に限るなら、全盛期の杉浦忠や稲尾和久にも匹敵するピッチャーだったと断言できる。

セ・リーグの強打者連中が舌を巻いたのはやはりスライダーだ。とにかくブレーキが鋭い。フォームも腕が遅れるように出てくる上、長い腕から投じられるスライダーはストレートに近いスピードで、鋭角的にキュッと曲がるのである。

当時、広島のクリンナップを打っていた金本知憲が面白いことを言っていた。

「野村さん、伊藤のスライダーはスライダーじゃないですよ」

金本が言いたかったのはこういうことだ。普通のスライダーはもっとバッターから離れたところから曲

1993年7月4日の巨人 - ヤクルト13回戦で力投する伊藤智仁。ルーキーシーズンのこの年、伊藤は150キロを超える快速球と強烈な高速スライダーで、前半戦だけで7勝をマーク。7月中旬に故障で離脱するが、新人王を獲得した。（写真提供：毎日新聞社）

がり始める。ところが、伊藤が投げるスライダーはフォークボールのように、バッターの体の近くで急激に変化する。バッターにはボールが視界から突然消えるような感覚があるらしい。だから、これに対処するにはスライダーではなく、フォークボールを打つ感覚で対応しなければならないというのだ。

伊藤が投げた試合で思い出深いのは6月9日の巨人戦である。

絶好調の伊藤は8回終了時点で、巨人から15奪三振を奪い無失点。しかしヤクルトも援護できず、0対0のまま9回裏の巨人の攻撃を迎える。伊藤はセ・リーグタイの16奪三振を記録するのだが、直後の二死から篠塚にホームランを打たれ、サヨナラ負け。そのときのボールがこの試合で伊藤が投じた150球目だったことはあとで知った。私自身が伊藤のピッチングにすっかり見とれてしまったのである。もし球数に気づいていたら、交代させていただろうか……。それはわからない。

実は、伊藤は肩の関節が柔らかく、可動域が広い。それゆえ鋭角的な高速スライダーも投げられるのだが、反面、肩関節は外れやすく、肩を壊す原因にもなるらしい。本来なら球数や登板間隔をもっと考慮すべきだったのだろうが、私はこの日の巨人戦に限らず、ついつい伊藤に頼ってしまった。申し訳ないことをしたと今でも思う。この年のヤクルトの日本一、伊藤の新人王獲得はせめてもの救いだ。

その後、伊藤は肩やヒジの故障に苦しみながらも、1997年にはストッパーとして復活しカムバック賞に輝いた。さらに翌年から先発に戻って3年間で22勝。しかし、伊藤が本当に凄まじいピッチングを見せてくれたのは、1993年の前半戦だけだった。あのときのスライダーがあれば、メジャーへ行っても間違いなく通用したはずである。

【第三位―国鉄〜ヤクルトの歴代最強投手】

石井一久

剛速球と松井秀喜も思わず腰を引いたカーブ

1年目の日本シリーズにいきなり先発。公式戦未勝利の高卒新人の先発登板は史上初だった。4年目の1995年に2ケタ勝利、1998年にシーズン三振奪取率11・047の日本記録を樹立するなど一流のサウスポーに成長し、2002年にはポスティングでドジャースに移籍。メジャー通算39勝34敗。2006年に日本に復帰し、6年で45勝を積み重ねた。実働18年（[ヤクルト] 1992〜2001年、06〜07年、[西武] 08〜13年）、143勝103敗1S、防御率3・63、勝率・571（※日本球界のみ）。

吉井理人、石井一久、井川慶、福盛和男、岩隈久志、田中将大。これまでに私の教え子たちの多くがメジャーリーグに挑戦しているが、このなかで一番メジャー向きの性格だったのは、石井一久ではないだろうか。少し茫洋としたところがあって、マイペース。妙に大物感がある。かといって生意気でもなく、高津や伊藤智ら先輩投手にはいつも「石井はうちの大エースだから」と言われて、可愛がられていた。ロサンゼルス・ドジャースの入団会見もなかなか良かった。

「ボクの妻はカリフォルニア人」

そう言って報道陣を笑わせた。奥さんの木佐彩子アナが子どもの頃にロサンゼルスに住んでいたから出たジョークなのだろうが、石井にはこういう人を食ったところもある。

それにしても、彼が40歳まで現役を続けるような投手になるとは思ってもみなかった。ただし通算200勝には何の思い入れもないらしく、182勝であっさり現役生活に終止符を打った。そこが石井らしいと言えば、石井らしい。

高校時代は「千葉の奪三振マシン」の呼び名もあった。しかし甲子園出場経験はなく、他球団のスカウトもマークしてなかったのか、単独で1位指名できたのはラッキーだったと思う。当時のヤクルト監督としてはとにかく投手が欲しかったし、左腕で球が速いというのが何よりも魅力的だった。スカウトからコントロールはまるでないとは聞いたが、ノーコンはプロに入ってからでも直せると判断した。

1年目からストレートには勢いがあった。高く上げた右膝と右ヒジがぶつかるようなフォームから繰り出されるスピードボールは当時から一級品。楽天のルーキー、松井裕樹と比較する解説者もいるようだが、球威もスピードも明らかに新人時代の石井のほうが上である。このストレートに加え、大きな曲がりのカーブが素晴らしい。2年目のオープン戦で、巨人の新人だった松井秀喜と対戦したシーンはよく憶えている。石井の内角カーブに松井は完全に腰が引けてしまって、見送るしかなかった。審判は「ストライク！」の判定。松井に「プロの世界は甘くはないぜ」とばかり強烈な洗礼を浴びせている。

カーブとストレートのコンビネーションだけで、プロでも飯を食っていけるという点では球団の大先輩・金田さんに通じるスケールの大きさがあった。制球力に難があったところも似ている。しかし、金田さんは年々コントロールが良くなったが、石井のコントロールはなかなか改善しなかった。日本時代に2度、メジャーでも1度、リーグの与四球王になっている。

普通、これだけ制球の安定感を欠くと勝ちと負けの数が拮抗するものだが、石井の場合、意外に負けは少なく、日米22年の現役生活で負け越したシーズンは5回しかない。コントロールは悪いくせに、なぜか勝負どころでは厳しいコースに決められる。立ち上がりに四球を連発して無死満塁にしながら、3者三振に抑えるようなことも少なくなかった。

投手がマウンドで感じる恐怖には2種類ある。一つは「打たれるのではないか」という恐怖。もう一つは「四球を出したら……」という恐怖。一軍で投げ始めたばかりの頃の石井は後者の恐怖を感じ、自滅するタイプだった。案外、神経質な一面もあるのだ。

だから、彼をマウンドに送り出すときは、必ず激を飛ばしたものだ。

「フォアボールを出したらどうしようなんて考えるなよ。キャッチャーのミットを目がけて思い切り投げてこい。それで打たれたら、おまえを起用したオレの責任だ」

こうして石井はいい意味で開き直れるようになり、結果を出すことで自信もつけていった。

最初は150キロを超えるストレートを軸に、組み合わせる変化球はカーブだけだったが、その後、スライダー、フォークボール、チェンジアップと年齢とともに球種も増えた。驚かされたのはメジャーを経て日本に復帰したときはすっかり技巧派に変身していたことだ。コントロールも投球テンポも良くなっていた。人はいくつになっても成長するものである。

【第五位—国鉄〜ヤクルトの歴代最強投手】

高津臣吾

シンカー習得で切り開いたストッパーの道

3年目に抑えに抜擢され、20セーブを挙げてチームの日本一に貢献し、翌年は初の最優秀救援投手のタイトルを獲得。2003年には佐々木主浩が持つ通算229セーブの日本記録（当時）を更新。オフにホワイトソックスにFA移籍すると、「ミスターゼロ」と呼ばれる活躍を見せた。韓国、独立リーグでもプレーするなど最後まで現役にこだわった。実働15年（1991〜2003年、06〜07年）、36勝46敗286S、防御率3・20、勝率・439（※日本球界のみ）。

最初に高津を見たときは、サイドスローであるという特徴を除けば、ほとんど評価すべきものがない投手という印象だった。ストレートのスピードがあるわけではない。打者が手を焼くような変化球もない。せいぜい二流止まりというのが私の見立てだった。

それでもプロ2年目の1992年、先発で5勝を挙げ、ヤクルトのリーグ優勝に貢献してくれた。ただし、防御率は4点台後半。その理由は明白だった。左の好打者に弱い。ほとんどの右のサイドスロー投手がそうであるように、左打者からはボールの出どころが見やすい上、左打者が嫌がるような球種がないのである。

ただ、ボールの威力は「並」でも、高津には「上」、あるいは「特上」と言えるものがあった。それはハートの強さである。彼の精神力は抑え向きではないかと思ったのだ。

問題は左打者対策である。どうすれば左にも通用するか……。

そのとき、私の頭に浮かんだのが、この年の日本シリーズで戦った西武の潮崎哲也の存在である。潮崎はアマチュア時代から野茂英雄、与田剛とともに社会人三羽烏と言われ、プロ入り後もリリーフと先発の両方をこなして西武の連覇に貢献した。入団当時の注目度こそ違え、高津とは共通点も少なくない。同じ右のサイドスローで、同い年。しかし、潮崎には高津にはない武器、シンカーがあった。

潮崎のシンカーは横から投げるため、一度フワッと浮き上がって、打者の手元で大きく沈む。このボールがチェンジアップのような効果を上げ、左打者を翻弄した。

そこで、私は高津にアドバイスしたのである。

「おまえ、潮崎のシンカーを盗んでみんか。スロー映像を繰り返して見れば、ボールの握りも、リリースの仕方もわかるだろう」

翌年の春のキャンプから高津の本格的なシンカー習得の挑戦が始まったのだが、高津は潮崎のシンカーを分析し、試した結果、自分には無理だと気づく。潮崎のシンカーは中指と薬指の間にボールをはさんで抜いているのだが、高津にはこれがうまくできなかったらしい。

高津は私にこう言ってきた。

「自分は人差し指と中指ではさみ、フォークボールの握りで投げてみようと思うのですが。これだったら、かなり落差を出せそうです」

もちろん、異を唱えるはずがない。自分に一番合った方法でマスターすればいいのだ。

私はプロであるなら、手本となる選手の技術をマネる、盗むことは当然だと考える。大事なのはマネる、盗むに終わらず、これを「学ぶ」にまで高めること。そこまでできるのが一流選手である。高津はまさにこのとき、一流への階段を一歩上がったのだと思う。

こうして1993年の開幕とともに高津のストッパー人生が始まるわけだが、私は強烈なショック療法も必要だと考えていた。

5月2日の巨人戦。4対1でヤクルトがリードした9回裏二死一塁の場面で、打席にデビュー2戦目の松井秀喜を迎えた。私はここで「内角のストレートで勝負しろ」と指示を出したのである。結果はライトスタンドに突き刺さる弾丸ライナーのホームラン。高津は松井に記念すべきプロ1号を献上することとなった。マスコミは私の指示を「松井の得意なコースを確かめるため」と伝えたようだが、まったく違う。私は高津に「自分の真っすぐは通用しない」ということを悟らせたかったのだ。高津はそれを悟ったから、シンカーと低めに球を集めるコントロールを磨き、日米通算300を超えるセーブを積み上げることができたのである。

江夏は常々「セーブは優勝争いのなかで挙げてこそ価値がある」と語っているが、高津は4度の胴上げ投手となった。日本シリーズでも通算11試合に登板し、1点も取られていない。自分が手本とした潮崎をはるかに凌ぐ成績を残している。

【第七位―国鉄～ヤクルトの歴代最強投手】

川崎憲次郎

自分の理想を捨て、シュートで復活したエース

高卒新人ながら開幕ベンチ入りして4勝4敗。翌1990年には19歳でローテーション入りし、年間200イニングを超える働きを見せた。その後、何度も故障に見舞われたが、1998年、シュートを武器に復活し、沢村賞と最多勝を受賞。2000年オフにはメジャーを交えた争奪戦の末、中日に移籍。しかし原因不明の腕痛に襲われ、1勝もできなかった。実働12年（[ヤクルト]1989～2000年、[中日]04年）、88勝81敗1S、防御率3・69、勝率・521。

川崎はルーキーの年に巨人戦で初完封を記録するなど4勝を挙げている。私が監督に就任した1990年からはローテーションに定着し、2年連続2ケタ勝利だ。

しかし、私は解説者の時代から川崎を見ていて気になったことがあった。

内角のストレート、それもストライクゾーンのボールで勝負をしたがるのである。おそらく巨人の江川あたりの影響なのだろうが、内角のストレートは少しでも甘くなれば、長距離打者の恰好の餌食となる。江川はストレートに抜群の威力があったし、コントロールが良かった。だから、全盛期は狙って投げた内角高めのストレートで三振を奪うことができたのだ。

川崎には江川ほどのコントロールとストレートの威力はない。その証明が1990年の成績だ。被本塁打26本はセ・リーグのワースト。防御率も4点台。その結果、12勝を挙げながら、負け数のほうが一つ上回ってしまった。

私は早い時期から川崎を説得した。

「内角で勝負したければ、シュートを覚えろ。ストレートとほぼ同じ軌道で、手元でスっと食い込むように曲がるから、バットの芯を外すことができるぞ」

川崎が私のアドバイスを実践したのはプロ9年目。前年のオフに右ヒジを手術し、野球人生の崖っぷちに立ってからだった。キャンプからシュートの習得に懸命に取り組み、これをマスターして復活すると、1998年には17勝をマークし、最多勝と沢村賞に輝いた。

奪三振は大きく減ったが、四球も減り、防御率も良くなった。強打者を面白いように詰まらせ、内野ゴロに打ち取れるようになった結果である。

人は何かを得たければ、何かを一つ捨てなければならない。川崎は内角のストレートで三振を奪う自分の理想を捨て、変化球で打ち取る技巧派への扉を開けたのだった。

おわりに〜最強のエースは誰なのか？

プロ野球界には毎年、100人前後の新人選手が入ってくる。さらに外国人選手の加入もある。80周年を迎えたプロ野球の歴史を考えれば、1万人近い選手が在籍したことになるだろう。そのうち投手が占める割合を仮に4割とすれば、約4000人。

その中で最強の投手は誰かを考察するのが、本書の目的であった。

私の答えは、もうおわかりいただけたはずである。

左投手なら金田正一さん、右投手なら稲尾和久である。

金田さんは並外れた速球とカーブの威力、加えて徹底した体調管理によって前人未到の通算400勝を挙げた。一方の稲尾も、群を抜くコントロールと緻密な野球頭脳を駆使してシーズン最多の42勝の記録を残している。どちらの記録もこの先破られることはないだろう。そして、記録だけでなく、エースとしての能力においても二人は抜きん出ていた。

図らずも、私と同時代の投手を「最強エース」として認定する結果となってしまったわけだが、異論を唱える読者もいると思う。

たとえば、今と昔の野球のレベルの差を指摘する方がいるかもしれない。

確かに、私が現役だった頃、打者はフリーバッティングと言っても1日10本も打てればいいほうだった。それが近年はピッチングマシンのおかげで何百本でも打てる。しかもマシンの高性能化は変化球や160キロのボールで練習することも可能にした。

ビデオ映像で投球フォームを徹底的に研究し、わずかなクセを見つけることもできる。突出した能力を持ったバッターの数は今も昔も変わっていないが、中級レベルの打者の技術向上により、平均点はずっと高くなっている。

一方、投手の技術革新はめぼしいものがない。ツーシーム、カットボールなど、打者の手元で微妙に動いてバットの芯を外す変化球くらいか。ただし、技術革新の目覚ましい打者に対抗する戦術として投手の完全分業制が確立されてきた。つまり、打者有利の状況に対し、投手の側も黙って手をこまねいていたわけではない。肩やヒジの疲労を考えたケアやトレーニング法も、昔とは比べものにならないほど進化した。

私は今も昔も野球はそれほど大きくは変わっていないと思う。昔もエースはいたし、今も厳然とエースは存在する。現在の先発投手の登板試合数を考えれば、稲尾和久や杉浦忠のように30勝、40勝する投手が現れることはまずない。しかし、2013年の田中将大のように24勝無敗という誰もが想像しなかった驚異的な成績を残し、日本シリーズで160球を投げた翌日にリリーフ登板をするような投手も出現するのである。田中のピッチングに、往年のエースの姿を重ね合わせたオールドファンは多かったはずである。

残念なのは、近年、エースと呼べる投手、エースに成長する可能性を秘めた投手がどんどん海を渡り、メジャーへ移籍してしまうことだ。

一流の投手を失うことは、一流の打者が育つチャンスを失することでもある。私自身が稲尾との対戦を通して成長したように、一流の打者に育つためには一流の投手の存在は不可欠である。もちろん、その逆も言える。一流の投手は一流の打者によって育てられる。両者の対決が切磋琢磨を生み、次の時代のスターをつくりあげていくのだ。そのような連鎖によって今日のプロ野球の隆盛は築き上げられてきた。もし、その連鎖が途切れてしまったら……。

私が危惧するのはそこである。ダルビッシュ有、田中将大といった日本球界の宝が流失した影響は計り知れない。彼らは金田、稲尾を超える可能性も秘めていたと思う。

しかし、それでも私はダルビッシュや田中を、そして往年の金田、稲尾を超える投手が日本に現れることを信じている。そんなまだ見ぬ最強のエースに出会うためにも、日本の野球を見守り続けたい。

２０１４年10月　野村克也

■ 著者紹介

野村克也（のむら・かつや）

京都府立峰山高校を卒業し、1954年にテスト生として南海ホークスに入団。3年目の1956年からレギュラーに定着すると、現役27年間にわたり球界を代表する捕手として活躍。歴代2位の通算657本塁打、戦後初の三冠王などその強打で数々の記録を打ち立て、不動の正捕手として南海の黄金時代を支えた。また、70年の南海でのプレイングマネージャー就任以降、延べ4球団で監督を歴任。他球団で挫折した選手を見事に立ち直らせ、チームの中心選手に育て上げる手腕は、「野村再生工場」と呼ばれ、ヤクルトでは「ID野球」で黄金期を築き、楽天では球団初のクライマックスシリーズ出場を果たすなど輝かしい功績を残した。現在は野球解説者としても活躍。

協力：株式会社KDNスポーツジャパン
構成：米谷紳之介
カバー写真：岡戸雅樹

プロ野球　最強のエースは誰か？

平成26年11月7日　第1刷

著　者　野村克也

発行人　山田有司

発行所　株式会社　彩図社
東京都豊島区南大塚3-24-4
MTビル　〒170-0005
TEL：03-5985-8213　FAX：03-5985-8224

印刷所　新灯印刷株式会社

URL http://www.saiz.co.jp　携帯サイト http://saiz.co.jp/k →

ISBN978-4-8013-0023-1 C0075